多氟多创始人、领路人

李世江

硕士研究生，高级经济师
多氟多集团党委书记、董事长
多氟多新材料股份有限公司董事长

李世江，中国氟硅有机材料工业协会副理事长，中国无机盐工业协会副会长，中国科学院青海盐湖所特聘客座研究员、河南理工大学新材料产业学院院长。

被授予"全国优秀党务工作者""最美退役军人""全国优秀企业家"。先后荣获中国氟硅行业协会终身成就奖、中国无机盐协会终身成就奖、中国石油和化学工业改革开放40周年突出贡献人物、全国企业管理现代化创新成果一等奖等诸多荣誉。

拥有发明专利106项，科技成果13项，主持制定、修订多项国家、行业标准，是国际标准化组织成员、国际ISO标准氟化盐工作组召集人。长期从事企业管理和技术创新工作。研究氟、锂、硅等元素的相互作用及其内在规律，开发无水氟化铝、高分子比冰晶石等产品，开辟氟资源综合利用的循环经济发展之路；研发高纯晶体六氟磷酸锂和超净高纯电子级氢氟酸并实现产业化，为新能源事业和半导体产业发展贡献力量。

创新多氟多

今日多氟多

荣誉多氟多

授予：李世江 同志

全国优秀党务工作者称号，特颁发此证书。

中共中央
2021年06月28日

证书号：20210156

荣誉证书

授予：李世江 同志

"最美退役军人"称号，特颁发此证书。

中共中央宣传部　人民共和国退役军人事务部　中央军委政治工作部

二〇一九年十二月

授予:多氟多化工股份有限公司党委

全国先进基层党组织称号，特颁发此证书。

中共中央

证书号：20160147　　　　　　　2016年7月1日

国家科学技术进步奖
证　书

为表彰国家科学技术进步奖获得者，特颁发此证书。

项目名称：锂离子电池核心材料高纯晶体六氟磷酸锂关键技术开发及产业化

奖励等级：二等

获 奖 者：多氟多化工股份有限公司

中华人民共和国国务院

2017年12月6日

证书号：2017-J-213-2-03-D01

热心公益多氟多

多氟多造血干细胞捐献授旗仪式

多氟多造血干细胞
第九次集体采样活动

多氟多简介

多氟多新材料股份有限公司致力于氟、锂、硅三个元素细分领域材料和能源体系研究及产业化，是全球规模、技术创新领先的无机氟新材料领军企业，荣获全国先进基层党组织、国家科学技术进步二等奖等荣誉，是国家高新技术企业、国家技术创新示范企业、国家知识产权示范企业、国家级氟资源循环利用循环经济标准化试点企业。

公司走出一条技术专利化、专利标准化、标准国际化的创新发展之路，申报专利1176项，授权专利800余项，主持制、修订110余项国际、国家及行业标准，2项国际标准。公司拥有国家博士后科研工作站、国家认可实验室、国家技能大师工作室、河南省无机氟化学工程技术研究中心、河南省氟基新材料产业研究院、河南省氟基功能新材料创新中心等研发平台。

公司主营业务为氟基新材料、新能源材料、电子信息材料和新能源电池，产品广泛应用于电解铝、半导体集成电路、光伏、TFT液晶屏幕、电动汽车等领域。

通过氟锂结合，公司开发出锂电池核心材料"六氟磷酸锂"，打破国外垄断、替代进口，产能6.5万吨/年，国内市场占有率为35%，全球市场占有率为30%，全球每三块锂电池就有一块用的是多氟多的六氟磷酸锂。

多氟多2022年成功跻身百亿企业行列。

立足百亿起点，立志百年企业。站在数字化和低碳化"双重革命"的时代交汇点上，公司秉承"氟通四海、锂行天下、硅达五洲、硼程万里、智创未来"的发展使命，立志做全球氟材料行业引领者。

氟谷之光

朱新月 魏现有 著

企业管理出版社
ENTERPRISE MANAGEMENT PUBLISHING HOUSE

图书在版编目（CIP）数据

氟谷之光 / 朱新月，魏现有著. -- 北京：企业管理出版社，2024. 12. -- ISBN 978-7-5164-3175-7

Ⅰ．F426.7

中国国家版本馆 CIP 数据核字第 2024LE9048 号

书　　名：	氟谷之光
书　　号：	ISBN 978-7-5164-3175-7
作　　者：	朱新月　魏现有
策　　划：	朱新月
责任编辑：	解智龙　刘畅
出版发行：	企业管理出版社
经　　销：	新华书店
地　　址：	北京市海淀区紫竹院南路 17 号　　邮　　编：100048
网　　址：	http://www.emph.cn　　电子信箱：zbz159@vip.sina.com
电　　话：	编辑部（010）68487630　　发行部（010）68701816
印　　刷：	北京科普瑞印刷有限责任公司
版　　次：	2024 年 12 月第 1 版
印　　次：	2024 年 12 月第 1 次印刷
开　　本：	710mm×1000mm　　1/16
印　　张：	15.25 印张
字　　数：	178 千字
定　　价：	78.00 元

版权所有　翻印必究 · 印装有误　负责调换

序言一
PREFACE

风雨彩虹路　铿锵戎马情

如果要问企业家的休闲方式，一百个企业家可能有一百个答案。但如果要问企业家最喜欢的电视剧是什么？会有相当一批企业家选择电视剧《亮剑》。这部剧自2005年9月13日在央视综合频道首播，至今已经18年了，全国数百家电视台重播了上万遍，影响了几代观众。以李云龙为代表的中国军人的动人心弦的故事、气壮山河的爱国情怀始终让人难以忘怀。但企业家喜爱最为根本的原因，或许还是其"明知不敌，也要毅然亮剑"的精神与当代企业家群体所引发的强烈共鸣。"亮剑精神"与企业家李世江显现出的敢于负责、主动出击、锲而不舍的精神同出一辙，这也是多氟多企业在逆境中生存的最好武器。

李世江堪称有军旅经历的企业家中的杰出代表。他从小生活条件艰苦，但从来没有磨灭好学上进的精神。在部队大熔炉的数年淬炼，"一朝为军人，一辈子有军魂"成为融入体魄的坚定信念，锻造了他"永远向党、赤诚报国"的军人气质与性格。转业回地方后，李世江刻苦学习，努力工作，迅速成为企业的骨干。当面对濒临倒闭的焦作冰晶石厂急需有人出手相撑的时候，李世江挺身而出，毅然担纲，把困难企业拯救起来，带上了正轨。随着国家改革开放政策的推进，企业改制，多氟多成立，他带领干部员工披荆斩棘，一路前行，虽然几经起伏，但创新不止、拼搏向前的步伐一直未停，犹如军旅生涯仍在持续。李世江以军人的魄力示人，充分诠释了魄力是面对困境的果断抉择，是永不言败的战斗决心，是锲而不舍的执着信心。魄力让敌人望而生畏，让战友充满信心。具有这种魄力的企业家不仅是企业真正的领导，更是支撑民族产业攀登世界高峰的脊梁！

李世江把国家需要作为企业发展的目标与使命。他说过："一个人的格局有多大，人生之路就有多宽；一个企业的格局有多大，发展之路就有多宽。"多氟多成长过程中，他始终把企业的成长看作企业干部员工为国家尽忠效力、为社会添砖加瓦、为家庭多做贡献的举措。从一名军人转业到企业集团担任董事长，军人血性自始至终是刻在骨子里的重要力量。李世江带领多氟多人勇毅前行：突破日本企业的技术封锁，夙兴夜寐，八年攻关，研制出六氟磷酸锂，成为中国化工发展史上的一段佳话；硬杠德国公司的纠缠羁绊，打赢国际官司，显现了中国企业家的勇毅与智慧；勇于承担国家高科技项目，解决"卡脖子"难题，站上了新材料、新能源产业的新高地。"国家需要什么，我们就做什么"，这不仅是铮铮誓言，更是李世江带领多氟多团队剑锋所指，披靡所向，以及成为氟基新材料、新能源材料、电子信息材料和新能源电池四个新材料领域佼佼者的力量所在。

李世江把党建引领作为多氟多发展中的支撑和导向。作为一家有着红色基因的企业，他把坚持党的领导作为企业发展之魂，坚持企业命运与祖国繁荣富强高度融合的战略决策。多氟多党委曾获评"全国先进基层党组织"。2021年，在中国共产党建党百年之际，李世江荣获"全国优秀党务工作者"称号，并在北京人民大会堂受到党和国家领导人亲切接见。他还曾先后荣获全国"最美退役军人""全国优秀企业家"等一系列光荣称号，用实际行动为党旗增辉。

李世江把自主创新作为多氟多不竭的动力与使命。作为企业家，他要做创新发展的探索者、组织者、实践者，主动承担实现高水平科技自主自立自强的使命。多氟多公司致力于氟、锂、硅三个元素细分领域，进行材料和能源体系研究及产业化。在高性能无机氟化物、电子化学品、锂离子电池及材料等领域的研发、生产和销售方面，坚持持续不断地投入大量资金，加强科研合作，深入广泛开展工作。由于产业发展方向清晰、目标明确、方法科学、效果显著，多氟多主打的氟基新材料市场产销量连续多年位居全球领先地位；新能源材料六氟磷酸锂打破国外垄断，客户涵盖国内外主流电解液厂商，产销量连续9年位居全球前列；公司先后获得国家技术示范企业、国家知识产权示范企业称号。在中国企业联合会（简称中国企联）审定的全国企业管理现代化创新成果中，李世江也荣获过一等奖荣誉。

李世江把产业转型升级作为多氟多坚持的赛道与战场。多氟多积极求索产业发展方向，走出一条从化学到电化学、从智慧元素到智慧能源的创新发展道路。在不断深化改革以及与外界沟通交流的过程中，李世江逐渐确定了"新材料支撑新能源，新能源牵引新材料"的产业战略发展路径，形成"用氟造福人类，用锂驱动未来，用硅温暖世界"的产业发展方向，打造"以氟为基、制能依氢、行之有锂、坐地为钠"的新能源产业体系。

来到中国企联工作后，我接触最多的就是企业家、创业者，李世江是给我留下深刻印象的一位。从他黝黑的脸庞上能看到一双炯炯有神的眼睛，沉稳诚笃的眼光和军人的标准举止，不仅体现出中国企业家的追求和特色，而且呈现出优秀退伍军人的本色与追求。我多次在中央电视台等主流媒体上听到他尽抒胸臆，介绍带领多氟多员工为国分忧、拼搏攻关的事迹，也看到他履行社会责任以及倾心为退伍军人、社会困难群体奉献爱心的实践。李世江用自己的所思所想、所作所为诠释了不懈追求，"创业精神，是多氟多的本色；敬业精神，是多氟多的底色；创新精神，是多氟多的成色；奉献精神，是多氟多的亮色"。

李世江三十多年带领多氟多从小到大、从弱到强的企业经营管理实践中，多氟多的创新之法、人才培养之道、文化建设之魂、红色党建之引擎，自成体系，特色鲜明，为企业发展注入了强大的动力，这些都在书中作了系统的归纳与总结。书中总结的一系列经营管理的典型案例面世之后，可以成为广大企业学习、借鉴的鲜活实例。相信广大读者和企业工作者不仅可以更多地了解多氟多干部职工的奋力前行，而且能从本书中充分认识饱含戎马深情、屡创佳绩的企业家李世江，获取满满的正能量。

中国企业联合会
中国企业家协会　　党委书记、常务副会长兼秘书长

朱宏任
2024 年元旦

序言二
PREFACE

砥砺前行　氟谷之光

本书记录了李世江如何从一名普通的转业军人成为多氟多新材料股份有限公司（以下简称多氟多）的董事长，以及他领导的这家企业如何从一家濒临倒闭的小厂成为全球生产锂电池核心材料六氟磷酸锂的龙头企业的不凡历程。

我对李世江和多氟多的关注已有 26 个年头。长时间的接触，使我深深地被他们的奋斗和成长所打动。在此，我想与大家分享一些个人的体会和感受。

首先，企业的长盛不衰离不开持续的发展。我每次走进多氟多的厂区，都能深切地感受到企业的新发展、新气象。多氟多在历经数年的风雨之后，依然凭借其卓越的技术和管理，稳步前行，一年比一年繁荣。是持续的发展铸就了如今的多氟多，这值得我们深思和学习。

其次，多氟多的创新精神让人印象深刻。这种精神体现在他们面对困难时的决心，他们勇往直前，勇于创新，敢于攀登科技的高峰。这种精神在李世江身上展现得淋漓尽致，也在整个多氟多团队中弥散开来。正是这种创新精神推动着企业的发展和长盛不衰。这种精神是值得我们所有人去学习的。

再次，多氟多技术创新的路径引人注目。他们从氟、锂、硅三个元素开始研究，从基础材料的原理开始探索，从研发到产业化，成功攻克了六氟磷酸锂技术，拿下了电子级氢氟酸市场，取得了了不起的成就！多氟多是企业作为技术创新主力军的典型，我对此表示由衷的钦佩！

最后，我要强调的是多氟多在新材料、新能源和半导体领域所攻克的众多难关，为国家发展做出了杰出贡献，这些都与李世江身上所具备的"红色基因"密不可分。李世江将"坚持党的领导"写入企业的章程，将军人的光荣传统融入企业管理，将自己的事业和命运与国家的发展紧密相连，体现了一位民营企业家的责任感和使命感。这种勇于挺起民族脊梁的担当精神，正是祖国繁荣昌盛的不竭动力。对于这样的企业和企业家，我们应该给予高度的赞扬和敬意！

河南省原副省长｜张以祥

序言三
PREFACE

打造中国氟谷

《氟谷之光》集大家智慧面世了。这是多氟多伴随着伟大祖国改革开放一路前行的缩影,是多氟多34年来创新发展的实践经验与教训的总结,是多氟多对未来充满希冀与崇高愿望的坚定信念和矢志不渝的追求。

江河奔腾,不息山川,我与多氟多人一路前行,一路走来,感慨颇深。蹚过创业时的泥泞坎坷,无怨无悔;经历改制时的艰难岁月,顺势而为;探索转型时的克难攻坚,勇往直前;展望百年征程时的坚定信心,向善而为。

我曾是一位火箭军(原第二炮兵部队)的老兵,也是一名强国战线上的新兵;我是一位已经光荣在党54年的老党员,也是一座坚守在基层党委的战斗堡垒;我是化工战线的一位老兵,也是创新战线上的一名新兵。我的心是红的、血是热的、骨头是硬的。

我站在化学元素周期表的高度与世界对话,把数字化与化学元素周期表之间的反应作为时代之问,也作为我毕生追求。我对化学元素氟、锂、硅、氢、钠、磷情有独钟,运用哲学思维和创新思维,在分分合合中,绽放科学花朵。

曾有一位智者问我:"你对氟元素做了那么多探讨,为何不能用更开放的心态，打造'中国氟谷'？"这个问题点到了我的痛处和内心深处。当时我作小诗一首，如今仍以此诗回应天下朋友。

氟谷遐思

无限情思

虚怀若谷

众志成城多氟多

应对危机

开发氟谷

享受过程共求索

你有硅谷

我有氟谷

科学花开千万朵

喜迎盛世

五谷丰登

置身氟谷同欢乐

多氟多人心中有爱、眼里有光、脚下有路。国家需要什么，我们就做什么。功成必定有我，功成不必在我。立足百亿起点，立志百年企业，致力于做全球氟材料行业引领者。

一个人的梦想是梦想，千百万人的梦想就是现实！

一往无前，只争朝夕不止步！

一路前行，唯有创新不辜负！

多氟多新材料股份有限公司董事长 | 李世江

目 录
CONTENTS

第一部分
氟谷之光　与时代共成长

第一章　李世江的故事：平凡人做出不平凡事　／003
第一节　劳动创造价值，知识改变命运　／004
第二节　先顽强活下来，然后做大做强　／007
第三节　依托科技创新，实现华丽转身　／010
第四节　坚持党的领导，积极回馈社会　／013
第五节　用心播撒希望，用爱呵护成长　／016

第二章　李世江的战斗：做个超越自己的战士　／025
第一节　从子弟兵到董事长——血性是一股刻在骨子里的力量　／026
第二节　"四气"——超越自己从超越对手开始　／031
第三节　因"祸"得福——当你足够优秀时，纠纷也能成就你　／033
第四节　从国家标准到国际标准——多氟多的"晋级"之路　／035
第五节　助力中国芯——李世江的中国心　／039

第三章　李世江的颜色：红色是最显眼的底色　／045

第一节　红色——既是底色，更是特色　／046

第二节　红旗——既在眼中，更在心中　／049

第三节　红心——既是初心，更是善心　／054

第四节　党建——既是目的，更是动力　／058

第五节　党恩——既要牢记，更要报答　／065

第四章　李世江的周围：他不是一个人在战斗　／071

第一节　李云峰——上阵父子兵　／072

第二节　闫春生——从技术员到"金字招牌"　／076

第三节　李莹——"在多氟多的历史上留下李莹的名字"　／081

第四节　李芳——中国六氟磷酸锂出口第一人　／085

[第二部分]

氟谷之光　经营管理谋发展

第五章　管理：企业勇往直前的"方向盘"　／093

第一节　管理创新不止，转型升级不息　／094

第二节　凝聚正能量，转型有力量　／098

第三节　拥抱智能新时代，实现未来梦想　／102

第四节　革新思维，打造全产业链平台　／106

第五节　化危为机，激发潜力　／111

第六节　向管理要效益　／115

第七节　突破自我，成就强大　／119

第六章　创新：抢占黄金赛道的"发动机"　/ 123

第一节　不吝创新，方能驰骋新赛道　/ 124
第二节　主动作为，夯实创新平台　/ 129
第三节　用创新赢得未来　/ 133
第四节　以梦为马，成为创新筑梦人　/ 137
第五节　思想创新，成就创新型多氟多　/ 143
第六节　提高创新主体意识，引领企业跨界转型　/ 149

第七章　人才：组成攻城拔寨的"主力军"　/ 155

第一节　人人皆可成才：与企业一同成长　/ 156
第二节　人才是招聘来的，更是培养出来的　/ 162
第三节　人才竞争，既是争夺战，也是经营战　/ 166
第四节　厚植沃土，培育人才森林　/ 171
第五节　人才思考：人是最重要的资源　/ 175

第八章　党建：打造优秀队伍的"冲锋号"　/ 179

第一节　思想领先和作风领先，宣传工作两手都要硬　/ 180
第二节　"红色基因"造就"红色引擎"，"红色引擎"创造"红色力量"　/ 183
第三节　三十年初心不改，党建功不可没　/ 187
第四节　党建之火，星星之火　/ 191
第五节　坚持党的领导，正确把握政治方向　/ 196

第九章　文化：传承企业精神的"定盘星"　/ 201

第一节　多氟多是一所"大学校"　/ 202
第二节　多氟多是个大家庭　/ 206
第三节　学习赢得昨天、今天和明天　/ 210

第四节　养成阳光的心态，做有信仰的企业　/ 214

第五节　塑造企业文化，铸就多氟多之魂　/ 217

附录　/ 221

一、李世江的思考　/ 222

二、领导评语　/ 227

第一部分 氟谷之光与时代共成长

《荀子·劝学》:"不积跬步,无以至千里;不积小流,无以成江海",一个人在历史长河中不过是一颗流星,能够际遇伟大的时代,是一个人的幸运。而一个人在这个时代能走多远,能为社会做出多大贡献,则是一个人"志向、俯瞰、深耕"的结果。

一个人如何至千里之远,带领团队成江海之大?多氟多董事长李世江是如何一路前行,带领多氟多人与时代共成长的?

第一章

李世江的故事：平凡人做出不平凡事

李世江，现任多氟多新材料股份有限公司董事长。他出生于 1950 年 12 月，中共党员，退役军人。在他身上，有无数荣誉在闪耀，他用自己的亲身经历证明了一个道理：平凡人可以做出非凡事！

如果不看李董事长身份证，你绝对看不出他是一位年过七旬的长者。是的，他中等身材，说起话来总是神采奕奕，面带微笑，和蔼可亲，讲述起自己的成长奋斗历程，仍是那般慷慨激昂。多氟多由小到大的艰难曲折，就是一部伴随着国家发展的波澜壮阔的历史。

如今的李世江董事长，早已荣誉等身。他认为自己只是一个平凡人，然而在世人看来，他做出了太多不平凡事，他值得拥有所获的荣誉！

第一节
劳动创造价值，知识改变命运

　　李世江出生于河南省怀川地区，儿时家庭条件有限，早早遍尝生活之苦。当时，上学都要自己带上干粮，否则就得挨饿。有一次过河，装玉米馍的袋子落水，他在同伴的帮助下，好不容易抢回一些……

　　他儿时的梦想是参军报效祖国，1968年，他穿上心仪已久的军装，成为第二炮兵部队（现火箭军）的一名战士，驻扎云南大山深处。次年1月，红河哈尼族彝族自治州发生里氏6级地震，地动山摇，大片房屋被夷为平地。他奉命参与营救行动，徒手在残垣断壁间救出19名村民。钉子穿透了他的胶鞋，鲜血浸染了脚下的大地，也未能丝毫动摇他救人的坚定意志。当年7月1日，他光荣地加入中国共产党。8月，当地山洪暴发，"旱鸭子"的他勇敢地冲进激流，当首长和战友得知他不会水时，惊出一身冷汗，也让大家见识了他的血性和果敢。他将部队视为一所大学校，一有时间便往阅览室跑，如饥似渴地读书看报，几年时间积累了不少文化知识。艰苦而充实的军营里，把年少青春的李世江淬炼成坚强乐观、韧性十足的男子汉，部队里数年的历练和学习，奠定了他退役后走进社会的"资本"。

　　1973年，他服役期满，结束军旅生涯，退役返乡后进入温县化肥厂做工人。他保持了部队服役期间读书学习的良好习惯，业余时间如饥似渴地读书进修，他成为领导眼中的"文化人"，遂被领导安排给同事们补习语文，他也趁此机会自学完高中课程。1983年，河南省广播电视大学招生，他以位列全县三甲的成绩，被成功录取。此后，系统的理论学习对他的人生产生重大影响，他也对新知识产生了浓厚兴趣。40岁那年，他又考上了党校研究生，继续深造。

在党校学习期间，同班同学多是县处级的年轻人。有人开他玩笑说，人家老李已经40多岁，一不缺钱花，二不想当官，就是来陪我们玩玩的。李世江对他们说："错了，我可不是来陪你们玩的，我是带着使命来的。"

李世江是带着问题走进党校大门的。"我是一名老党员，对马列主义思想的理解还是比较到位的。《资本论》中关于劳动创造价值的论述，我自认为理解得还是比较到位的。资本家是榨取了工人的剩余价值，所以资本家每个毛孔里都滴着血和肮脏的东西。突然有一天，我意识到自己也是资本家了，是不是每个毛孔也滴着血和肮脏的东西？如果真是那样的话，我不得精神分裂症才怪哩。"李世江说，这让他寝食难安，他要从书本上找到解惑的答案。

在党校学习期间，李世江系统地学习了社会主义初级阶段的发展理论，学习怎样把共产主义远大理想和自己的日常工作有机结合起来。通过不断学习，李世江渐渐明白，一个人利用知识、通过自己的努力为自己、为员工、为社会创造价值，是能够得到社会的理解和尊重的。

他善于学以致用，既实干又巧干，在温县化肥厂时经常搞些创新，深得领导赏识，不久被提拔为技术科长，并被派往化工部跑项目。化工部规划司领导同样发现了他的优点，借调他半年之久，他也由此"站得更高，看得更远"。国家计划工作会议对中国无机氟发展方向提出要求，规划司的领导想听听他的看法，没想到他讲得头头是道，深入浅出，于是又将其请去参与制订中国无机氟发展规划。借此编写任务，他更加努力钻研，对无机氟有了深刻了解，从此与氟结缘，跨出他成就非凡事的第一步。

法国文学家维克多·雨果说过："当命运递给你一个酸柠檬时，设法把它制造成甜的柠檬汁。" 作为一个出生于农村的穷苦孩子，李世江没有随波逐流，屈从于命运，他用劳动创造价值，以知识改变命运，成为时代的骄子，贡献社会的杰出企业家！

第二节
先顽强活下来，然后做大做强

从人手一部的智能手机，到日渐增多的电动汽车，其中都有一个不可或缺的重要部件——锂电池。很多人并不了解的是，锂电池有一种核心材料叫六氟磷酸锂，而我国生产六氟磷酸锂的主要企业便是多氟多。多氟多六氟磷酸锂的国内市场占有率达35%，全球市场占有率达20%。作为多氟多的主打产品，六氟磷酸锂的研发一波三折，历尽艰辛，而作为多氟多掌舵人的李世江，是挽着裤腿蹚着泥，开启他的创业梦想的。

从北京归来，李世江在北京的故事也随之传至河南省多个市县，焦作市中站区领导对其刮目相看，求贤若渴，先后六次前往温县，"六顾茅庐"邀请他接手焦作市冰晶石厂，并开出诱人条件，他却婉拒这些优厚的待遇，只要一个平台，以及决策权。走马上任那一天，暴雨倾盆，他卷起裤腿，蹚着洪水，走进濒临倒闭的冰晶石厂，而迎接他的是破败的厂房、满地的荒草、萎靡不振的员工，还有拖欠数月的工资。在没脚的水中，他振臂一呼组织退役军人成立突击队，誓要挽狂澜于既倒，扶大厦之将倾。当年，冰晶石产量从3000吨提高到30000吨，这一成绩如星星之火，使冰晶石厂重燃希望。

法国作家罗曼·罗兰说："一个人的性格决定他的际遇。"

艰苦的少年时代、严酷历练的军旅生涯，锻造出李世江敢于面对任何困难，并把困难挑落马下的不服输的性格。

20世纪90年代，氟化工被视为经济发展的黄金产业，尤其是无机氟化工产品冰晶石和氟化铝，是冶金和电解铝等行业不可缺少的原料和辅料，更被认为前景无限。他紧抓这一趋势，在氟化工领域深耕细作。不过，国内氟化工领域的创新几近空白，我国绝大多数无机氟化工产品都是以萤石为原料进行生产，而萤石作为一种可以用于发展原子能工业的重要战略资源，国家控制开采。他洞悉到中国无机氟化工不能再走单纯开采地下萤石资源的老路子，而要走资源综合利用的新道路，即利用磷肥副产的氟资源满足氟化盐发展之需。

化肥厂工作经历令他想到氟硅酸。在此之前，磷肥生产过程中产生的大量氟硅酸都被当作废料处理。他意识到，如能用氟硅酸生产冰晶石，将是一个绝好的商业机会，遂暗中组织人员开展研究。历经1000多个日日夜夜，经过艰苦卓绝的技术攻关之后，"氟硅酸钠法制取冰晶石联产优质白炭黑"生产技术问世，打破了行业"氟硅不分家"的定势，开创了"氟硅巧分家"的新天地。它颠覆了国内几十年来以萤石为原料生产冰晶石的传统工艺，不仅开辟了新的氟资源，节约了宝贵的萤石资源，而且解决了长期困扰并制约我国磷肥工业发展的"三废"污染问题。这项技术实现了资源的综合利用，因此被评为"国家高技术产业化示范工程"，得到业内资深专家的好评，"李世江突破40年一贯制的原有工艺，创造了奇迹"。这也为多氟多的长远发展奠定了基础，种下了多氟多的创新基因。

1999年12月，多氟多化工有限公司正式成立。他带领多氟多再接再厉，在全球无机氟化工产业的版图上继续"开疆拓土"：研究利用磷肥行业、铝材加工以及电解铝行业生产过程产生中的含氟废弃物，先后开发出氟硅酸钠法制冰晶石、氟铝酸钠法制冰晶石、再生冰晶石和无水氟化铝等拥有自主知识产权的氟化盐产品新工艺。这些新工艺的开发应用，大大提高了氟资源的综合利用率，推动了我国无机氟化工行业的技术进步和可持续发展，不仅在多氟多内部生产中实现了氟资源的减量化和再利用，而且促进了磷肥、电解铝、铝型材加工等行业的环境保护。尤其是无水氟化铝生产工艺，作为多氟多自主创新开发的第三代新技术，具有优异的产品性能和显著的节能减排效果，得到了国内外各大知名电解铝企业的首肯，一举成为全球市场最稳定、持续热销的产品。它标志着多氟多的无水氟化铝生产水平已跨入世界先进行列。多氟多也因此一跃而比肩英国的氟多多、西班牙的多多氟，进入世界三强之列。在此期间，多氟多申报专利数百项，主持制修订国家标准和行业标准百余项，成为全国有色金属标准样品定点研制单位、全国化学标准化委员会无机分会氟化盐工作组召集单位；不仅参与制定、修订国际标准，而且被ISO/TC 226（国际标准化组织/原铝生产用原材料技术委员会）确定为召集单位和召集人。

第三节
依托科技创新，实现华丽转身

多氟多的创新基因不断开花结果，推动多氟多百尺竿头，更进一步。在传统氟化工产业做大做强之后，李世江开始思考如何实现转型升级，他把眼光瞄准了世界先进的企业。

走出去，世界就在眼前；不走出去，眼前就是世界。

2006年，他随团出访日本，从一位随行老专家口中得知，氟化工领域里"皇冠上的明珠"叫六氟磷酸锂，只有日本企业能够批量生产，售价超百万元一吨，国内锂电池生产企业使用六氟磷酸锂全部依赖进口。此事触动了他的敏锐神经，随后他多次拜访日本厂家寻求合作，但是对方要么狮子大张口，要么态度傲慢，令他倍感气愤。**"不能总是用别人的昨天来装扮自己的明天，不能总是指望依赖他人的科技成果来提高自己的科技水平。"** 他告诫自己，"不管遇到多少困难、付出多大代价，多氟多一定要生产出世界上最好的六氟磷酸锂。不仅要和日本企业竞争，还要把中国的六氟磷酸锂卖到日本去！"

从日本回来后，他迅速成立六氟磷酸锂研制小组。面对一片空白的技术积累，面临一无所有的研发经验，历经艰难险阻和危险考验，科研小组24小时轮流试验，一干就是830多个日日夜夜，经过上千次反复试验，终于首创了以工业无水氢氟酸、工业碳酸锂制备晶体六氟磷酸锂的新型原料路径，成功制造出 2 克六氟磷酸锂！

2 克，足以改变多氟多，也足以使中国氟化工产业呈现出一个截然不同的面貌。

人因为有难忘的记忆而变得坚强，人因为变得坚强而不断成长！

这一天是值得多氟多人铭记的日子——2009 年 1 月 15 日。当 2 克六氟磷酸锂放到他的办公桌上时，他禁不住泪流满面。10 个月后，多氟多的六氟磷酸锂产量是 2 吨，次年，年产 200 吨六氟磷酸锂生产线建成投产。如今，多氟多的六氟磷酸锂行销全球，国内市场占有率达 35%，全球市场占有率达 20%，换言之，全球动力锂电池中，每 3 块就有 1 块用的是多氟多生产的六氟磷酸锂。

他没有止步于此。2011 年，多氟多提前布局，采用全球最高端的纯化工艺，研发超净高纯电子级氢氟酸。2013 年，多氟多建起万级清洗、千级灌装、百级分析室、电子级自动灌装线，制程设计为全球最高端纯化工艺 UPSSS 级（半导体级），电子级氢氟酸产品纯度达到 PPT 级，成为国内第一家具备超高纯电子级氢氟酸生产能力的企业。经测试，产品性能达到业界先进水平。如今，多氟多一期电子级氢氟酸生产线实现满负荷生产，年产 5000 吨电子级氢氟酸的二期项目已建成投产，具备了年产 1 万吨超净高纯电子级氢氟酸（半导体级）的生产规模，光伏级电子级氢氟酸产品月销量也位居全球前列；自主开发了电子级硫酸、电子级氟化铵、电子级双氧水等系列产品。

在李世江董事长的带领下，多氟多依托在氟技术方面的突出优势，经过长达近十年的开发研究，同时在半导体工业用电子化学品方面取得了突破性进展。2018年4月，多氟多成功并购浙江中宁硅业，利用其原有的电子级多晶硅、电子级硅烷等产品优势，深度布局半导体行业，跨入了芯片行业门槛，为拥有一颗"中国芯"而持续奋斗。近年来，多氟多致力于探求氟元素在人类生活和工业应用中的无限可能，已在我国12大新材料体系中参与6个领域，即新能源、电子信息、前沿性新材料、纳米材料、生物医药、新型功能性材料。在他的带领下，多氟多依托科技创新，实现华丽转身。

第四节
坚持党的领导，积极回馈社会

部队大熔炉的历练，党校的学习深造，作为一名有 50 多年党龄的老党员，李世江的血液里流淌着红色的血脉，他坚信，党旗红，企业兴。因此，虽然多氟多是家民营企业，但是他始终坚持党建融合，将多氟多建成党建文化传播的"试验田"，使革命精神、奋斗精神在多氟多薪火相传，把党建根基植入多氟多发展的肥沃土壤里。

他坚持"红色"人才培养工程。 多年来，他致力于将生产经营技术骨干培养成党员，把党员培养成生产经营技术标兵，把党员生产经营技术标兵培养成企业经营管理人员。企业先后有 200 多名优秀员工加入中国共产党，其中 80% 的党员在技术、管理、生产、市场等重要岗位承担重要责任，20% 的党员业务骨干进入企业经营管理层。

他大力推动党支部建在车间班组。 以"我是共产党员""我郑重承诺"为主要内容的"党员示范岗"活动已成常态，党员们在本职岗位上争先进、作贡献，掀起一轮又一轮岗位"练兵"、技术"比武"的热潮，使每一名党员都充满凝聚力、创造力和战斗力。

他将"坚持党的领导"写入企业章程。 在多氟多，形成了公司党建与管理相融合的新型管理模式，党委与管理层"交叉任职、优势互补"，将公司董事会成员、经理、业务骨干吸收到党组织中来，让党委的领导到公司管理层兼职。

在他的感召和带动下，多氟多员工爱企业、做主人已成风尚，截至2020年，提出合理化建议10000多条，其中有4800多条获得公司奖励，关于工艺改进、技术创新的建议超过75%。每月合理化建议的第一名还会在中层干部大会上继续分享。这个平台成为多氟多发现人才、提拔人才、大胆使用人才的重要途径。同样，也是在他的带领和影响下，多氟多积极回馈社会。他懂得将自己融于社会，知道自己来自社会，最终仍要回归社会；良知与责任永远比金钱与虚名重要，得给社会留一点精神财富，为社会做出自己应有的贡献。

他在实现企业发展和自身价值的同时，始终不忘社会责任，从未停下公益的脚步。 在他的倡导下，多氟多捐赠500万元，与中华思源工程扶贫基金会合作成立思源·新能源公益基金，旨在帮助致力于新能源事业而家境贫困的寒门学子。多年来，思源·新能源公益基金先后资助26名贫困大学生，共计捐献13万元；拨付资金在中南大学、郑州大学、河南理工大学三所高校设立思源奖学金，每年资助15万元，帮助30名贫困大学生完成学业；发挥中原文化优势，举办"公益书学堂"培训，资助中西部15个省116名群众，他们通过文化扶贫，学以致用，带动和帮助中西部贫困群众脱贫致富。

他带领多氟多员工，与位于山区的中站区龙洞街道龙洞村结对子，先后出资200余万元，解决群众住房难问题，铺设水泥路解决出行难问题，架设供水管线解决吃水难问题，提供项目解决村民脱贫难问题，连续11年、累计出资90万元解决贫困家庭子女上学难问题，还出资 50 万元修建校舍、村民娱乐广场。

作为焦作市慈善总会副会长，他以强烈的社会责任感，热心并积极参与社会公益事业，为慈善机构捐款，为扶贫助学出资，为抗震救灾出力，不一而足，用回馈社会的实际行动诠释了"社会责任"的内涵。

第五节
用心播撒希望，用爱呵护成长

《淮南子·主术训》曰："乘众人之智，则无不任也；用众人之力，则无不胜也。"李世江认为，小成功靠个人，大成功靠团队，只有善于发现人才、勇于提拔人才、充分信任人才、大胆使用人才，才能打造一个坚不可摧的人才团队。而在打造人才团队的过程中，只有用心引导每一个下属，用爱对待每一位员工，信任每一个人才，才能实现"乘众人之智"，才能做到"用众人之力"。从冰晶石厂到多氟多，从厂长到董事长，李世江一以贯之，对于人才培养灌注了无数心血，从以下例子中可见一斑。

一、用心播撒希望：希望是留下的最好理由

张小霞是多氟多招聘的第一批大学生之一，从郑州工学院（现郑州大学）毕业后，她怀揣梦想，像渴望水晶鞋的灰姑娘一样奔赴属于自己的舞台——"冰晶石"，一个带着些许浪漫的名字；"冰晶石厂"，一个能让人产生无限遐想的舞台。然而，她的首要挑战并非工作本身，而是直面心中的落差。所幸的是，她遇到了给她播下希望之种的领路人——李世江。

为了迎接第一批入职的大学生，冰晶石厂安排专车接送。所

第一章 李世江的故事：平凡人做出不平凡事

谓专车，不过是一辆破旧的中巴车，当车子颠簸着驶在凹凸不平的泥路上，穿过道路两侧长势正旺的玉米地，晃晃荡荡地驶进一个偏远的厂区，目光所及之处，是 8 间低矮的平房——领导办公室，一排简陋的厂房——砂状冰晶石和湿法氟化铝车间，以及一片杂草丛生的荒地！大家一路以来编织的美梦瞬间被惊醒，针对职业生涯的美好憧憬顿时被打碎！很多人陷入迷茫，一时之间不知所措，甚至有人哭泣着想要离开。

李世江出现，改变了这一切。当日，在平房前的空地上举行了迎新大会，李世江激情四射地讲述冰晶石厂的发展蓝图和伟大梦想，他说："企业是员工安身立命的场所，要当成毕生事业去追求。你们是冰晶石厂引进的第一批大学生，这里将是你们实现人生理想的舞台。你们看到的东边厂区是我们的冰晶石和氟化铝的生产线，我们最终将实现 10 万吨的产能；西边这片工地，是我们公司正在进行的"氟硅酸钠法制冰晶石联产优质白炭黑"项目，这是我们的一个创举，它将实现磷肥副产氟资源的综合利用，是我们为国家作贡献的一个平台。我们企业的发展目标就是建设中国无机氟化工工业基地。我们要在焦作这片热土上培养出 1 个亿万富翁、10 个千万富翁、100 个百万富翁，让 1000 个优秀员工过上有车有房有存款的现代生活。你们只要扎根这片土地，一定大有可为。一个人的梦想是梦想，千万人的梦想就是现实，因为你就是你想成为的那个人。"

张小霞每次回忆当时的场景，充满着对李董事长崇敬和感激的神情，她说：当时的李世江浑身散发着光芒，充满阳光、激情和智慧，让她重新勾勒出梦想的模样，找到了人生的方向。因为李世江，张小霞看到了希望，她最终留了下来，把心也留了下来，这一年是 1994 年。此后，她坚定信念，扎根多氟多，历经多个岗位，先后担任规划科科长、办公室主任、行政规划部副部长和部长、副总经理，入选河南省专业技术人员工程系列化工专业评委专家库、多氟多副高级职称评审委员会委员等，一干就是近30年。

上市之后，多氟多大力推行管理变革，优化干部队伍结构，鼓励年轻人勇于担当，到新的岗位上发挥聪明才智。张小霞由于懂技术、精写作、善沟通而为李世江重视，被授予副总经理职务，主持行政规划部的工作。李世江告诉她，行政规划部对外要对接国家政府各项战略资源，对内要维护企业正常工作秩序，别人不管的你都要管，把这项工作做好，你才是真的成长了。面对李世江的嘱托，张小霞调整心态，放低姿态，带领行政规划部，服务前移，主动作为，以"功成不必在我，功成必定有我"的服务理念，推进建立正常工作秩序，梳理各项管理制度和管理要素，发挥行政枢纽作用，上传下达、下情上传及时准确，为公司决策提供支撑。此外，积极做好运营服务，凡是职能之外没人干、没人管的事，行政规划部迎难而上，及时补位；整合内外资源，与运营、证券等部门联动，加强企业宣传，彰显多氟多外在影响力。在行政规划部的推动下，加之李世江的个人魅力和多氟多的品牌形象，李世江如同多氟多形象代言人，积极传递多氟多声音。2022年8月19日，央视《焦点访谈》播出《隐形冠军 追求极致 "锂"中有我》，聚焦锂电池行业的两家隐形冠军企业，其中一家便是多氟多新材料股份有限公司，节目中，李世江讲述了多氟多攻克"卡脖子"技术的种种艰辛和取得的成果。

张小霞坦言，李世江对她的职业生涯产生了深远影响。近水楼台先得月，李世江的敬业精神、创业激情、工作态度等，都在潜移默化地影响着她。她被感动着，被激励着，耳濡目染之下，她也如李世江一般深深地爱着多氟多,爱着自己的工作,爱着身边每一个同事,这是一种源于内心深处、发自肺腑的爱。她常常暗自庆幸,此生能与李世江一路同行。她追随李世江陪伴多氟多一起成长,见证了李世江从草根企业家到"做全球氟材料行业引领者"的擘画者,亲历了多氟多从小到大、自弱至强的蜕变。

"人类的精髓,是心愿和希望",著名音乐家赫伯特·齐佩尔这样说过。张小霞追随李世江董事长,实现了自己的人生心愿与价值,也用自己近30年的勤奋努力,影响着更多的多氟多人,把希望变成美好的现实。

二、用爱呵护成长:呵护是成长的最佳动力

闫克新说,他的职业生涯是伴随着多氟多的发展而发展的,他的人生规划是依托于多氟多的成功而成功的,为此他深感骄傲和自豪。与张小霞等人不同的是,闫克新是"半路出家"来到多氟多的。

1991年,闫克新大学毕业,入职一家国企,主要从事财务工作。在这期间,他打下了扎实的财务基础,并取得会计师职称。2000年,他应聘成为一家合资企业的财务经理,3年后经朋友推荐又进入一家集团公司担任财务总监。其时,闫克新可谓高收入阶层,颇为令人羡慕。然而,父母年迈需要照料,孩子成长需要陪伴,为了更好地照顾家庭,经朋友推荐,他就近来到了多氟多,2006年11月正式入职多氟多财务部。

初入多氟多,闫克新只是一名普通的财务人员,一切都得像新人一样从头开始。他勤奋刻苦,不畏艰辛,发挥自己的专业知识,为多氟多剥离不良资产,顺利上市立下汗马功劳。李世江

认为，创新是多氟多高质量发展的"核心密码"，并表示，当今时代是创新的时代，唯创新者进，唯创新者强。闫克新对此心领神会，他认为，个人发展亦是如此。因此在财务部工作期间，他主动分享以前积累的管理经验，积极传授自己拥有的工作技巧，日志管理制度、AB角工作制度迅速落地，写感想、搞团建等活动开展得如火如荼。在闫克新的大力推动下，经过财务部全体同事的共同努力，财务部一跃成为多氟多最为活跃、最具活力的部门，一改以往"账房先生"的呆板形象。此外，闫克新带领财务部同事不定期进行财税知识学习，参加各类技能考试，有效提升了工作技能，提高了财务部的战斗力，大家不遗余力地为多氟多的经营管理出谋划策，为多氟多财务工作贡献应有的力量。闫克新表现出色，李世江看在眼里，给予高度认可，提拔其为财务部部长。

曾有朋友带着疑惑问闫克新："来到多氟多之前，你已月入过万，刚到多氟多时工资不足千元，你是如何坚持下来的？"答案是：李世江！

一次，闫克新从贵州出差回到多氟多，一早在向李世江汇报出差情况时，李世江说，信阳一家萤石企业需要尽职调查，希望他能过去，并说当日下午尽职调查团队便会开车出发。闫克新不假思索地答应下来，但是考虑到家中老人身体欠佳，自己又刚刚出差回来，已经三月未见，希望在前往信阳之前回一趟家里，好让老人安心。李世江明白闫克新的孝心，当然没有问题！就在闫克新收拾东西，准备出发回家时，李世江电话来问："你怎么回去啊？"闫克新回答："坐公交车走。"李世江说："我正好也回老家，你坐我的车吧，我开车去接你。"11点，李世江将闫克新送到家中，同时告诉他，自己也打算顺道回家看看老娘，与他约定 12:30 准时出发，返回焦作。12 点多，闫克新从家中出来，准备依约与李世江会合时，经过的邻居打趣说："混得不错啊，有专车接送！可你中午怎么也不让司机吃饭……"闫克新这才知道，李世江找了借口，他并没有回家，而是一直坐在车里等待自己。他恍然大悟，原来李世江此番是专门送自己回家的！闫克新深受感动，这件事一直激励着他，坚定了他此生追随李世江、扎根多氟多的信念，坚信有李世江这样重情重义的引路人、在多氟多这样一个充满人情味的平台，他的未来必将充满光明，他的人生一定更具意义。

在李世江的帮助和培养下，闫克新先后担任焦作市海源机动车安全检测有限公司总经理和焦作市海源机动车驾驶员培训有限公司董事长，同时兼任多氟多投资部部长。得益于这些经历，闫克新从财务领域走向经营领域，又从经营领域进入投资领域，他的思维方式、个人阅历以及工作能力实现质的飞跃，为其后来参与集团管理打下了坚实基础。在建立集团公司之后，闫克新调任集团财务总监，并兼任集团常务副总经理，成为李世江的左膀右臂。

三、信任成就梦想：信任就是梦想的催化剂

1994 年，20 岁的陈相举大学毕业，他怀揣梦想，开始踏入社会。在当年的河南省春季人才招聘会上，他与焦作市冰晶石厂（多氟多的前身）签约。其时，李世江受"六顾茅庐"之邀，刚刚接手冰晶石厂不久，厂里基础设施不尽如人意。包括陈相举在内，同期入职的毕业生共有 12 人，大家报到后一起入住集体宿舍，吃住都在厂里。厂里有台彩电，工作之余看看电视，倒也其

乐融融，他的心也从此融入多氟多。

陈相举被安排到办公室从事文秘和后勤管理工作，负责起草日常材料、整理职工档案，兼职食堂会计和阅览室管理员。为了充实自己，陈相举业余时间自学法律，计划考取律师职业资格。李世江得知后，有意发挥他的专长，安排他参与陈年旧账的处理工作。在陈相举的不懈努力下，本来不抱多少希望的欠款如数追回，陈相举一战成名，李世江大悦，奖励办公室一辆五羊摩托，从此之后，办公室人员外出办事方便了许多。此后，陈相举涉足社保、企管等工作多年。1999年年底，冰晶石厂成为历史，多氟多化工有限公司取而代之，得益于李世江的信任，陈相举的工作方向也出现新的变化，他调任董事会秘书兼办公室主任，服务于多氟多董事会和经理层——筹备召开"三会"（**股东大会、董事会和监事会**），制定治理制度，完善治理结构，制定管理细则，协调经济运行等。随着李世江将多氟多上市的计划提上日程，陈相举深感责任重大，他依法依规，注重规范，一点一滴都按照上市公司的标准严格要求，为多氟多最终成功上市奠定了基础。

2004年秋，多氟多启动上市事宜，多氟多人对于成功上市充满信心。陈相举负责相关材料的准备工作，历经困难，终于完成了多氟多交予他的艰巨任务。2007年3月，IPO材料顺利报到证监会。遗憾的是，由于种种因素影响，初次上市竟以失败告终！消息传来，多氟多上下深受打击，陈相举也陷入彷徨之中。李世江痛定思痛，决定外出"取经"。半个月后，李世江带着陈相举以及其他两位高管，远赴深圳。功夫不负有心人，经高人指点，加之李世江的个人魅力，多氟多争取到了二次申报上市的机会，其间一番跌宕起伏，终于在2010年上市成功，发行2700万股，募集资金10.63亿元。2015年和2018年，由陈相举负责，多氟多完成两次非公开发行股票，分别发行2012万股和5622万股，合计募资13亿元。得益于规范的运作，多氟多以及陈相举得到社会各界的广泛认可，多氟多董事会荣获"金圆桌奖"，陈相举也于2011—2015年连续荣获《证券时报》《大众证券报》评选的"金牌董事会秘书奖"，并于2016年荣获"中国A股上市公司百佳董秘"称号，2017年荣获第十三届"新财富金牌董秘"称号。

2020年年初，陈相举的工作出现重大转型和调整，由董事会秘书转岗监事会主席。监事会主席主要职责在于，受股东大会委托，代表广大股东监督董事会和经理层的工作，督促公司管理层完善内部控制，规避企业发展风险。李世江对于监事会的工作非常重视，给予陈相举绝对信任和大力支持，并将审计监察部划归陈相举管理，使监事会有了高素质人才队伍，赋予了陈相举强有力的管理手段。陈相举将之视为一个学习、历练和提升的新起点，他迅速调整思路，结合多氟多的特点和上市公司的要求，参考优秀企业的经验，重新梳理监事会工作方法，以适应新岗位的要求。在陈相举的带领下，多氟多监事会工作取得累累硕果。2020年度和2021年度，多氟多内审团队连续两次荣获河南省内部审计协会颁发的"河南省内部审计先进集体"；2022年，多氟多监事会荣登中国上市公司协会评选的"上市公司监事会卓有成效榜"；2023年，陈相举当选中国上市公司协会第四届监事会专业委员会委员。

李世江曾说："一个人的梦想是梦想，千百万人的梦想就是现实。"30年来，多氟多坚定不移，围绕氟元素大做文章，取得了令人瞩目的成就，成就了多氟多梦；30年来，陈相举紧随多氟多的脚步，以水滴石穿的精神，为多氟多的发展壮大贡献自己的力量，在此过程中，他也实现了自己的梦想。对于陈相举而言，李世江的信任犹如催化剂，成就了他的梦想，他铭记于心。

2015年3月5日，习近平总书记在参加十二届全国人大三次会议上海代表团审议时曾说："人才是创新的根基，创新驱动实质上是人才驱动。"2018年5月28日，习近平总书记在中国科学院第十九次院士大会、中国工程院第十四次院士大会上曾说："全部科技史都证明，谁拥有了一流创新人才、拥有了一流科学家，谁就能在科技创新中占据优势。"对此，李世江颇有心得，多氟多深有体会。在李世江的精心呵护和悉心培养下，多氟多如一个人才的摇篮，可谓人才辈出。查看多氟多组织架构图，每个重要岗位的负责人都曾深受李世江的教诲，都曾与他共同进退；查阅多氟多数十年发展历程，每个做出重大贡献的员工，无不曾得到李世江的谆谆教导，无不曾与他并肩作战。"给人才安个家。"李世江说，"给创新插个翅膀。"

成就伟大的事业，离不开志向高远、智慧贤达的引领者，也离不开身边那些忠实、贤能的追随者。李世江以海纳百川的胸怀，在焦作这么一个四线城市，聚拢八方人才，培养青年才俊，实现着百年多氟多的远大梦想。

第二章

李世江的战斗：做个超越自己的战士

李世江的人生堪称战士的人生。作为子弟兵时，他为祖国戍边疆、为驻地人民而战斗；作为厂长时，他为企业生存、为员工幸福而战斗；作为企业家时，他为祖国发展、为科技进步而战斗……通过艰苦卓绝的战斗，他像一个无往不利的战士，一路前行的老兵，不仅战胜了形形色色的对手，也战胜了自己，最终超越了自己。

第一节
从子弟兵到董事长——血性是一股刻在骨子里的力量

李世江，一名有着54年党龄的退役老兵，他始终冲锋在祖国最需要的地方，为军旗、为党旗增色，为国旗、为国徽添彩。从一名人民子弟兵到一家高科技企业的董事长，他完美诠释了何为中国军人的血性，以及这种血性是如何化为前进的不竭动力的。

参军报效祖国实现了李世江儿时的梦想。1968年，年仅18岁的他穿上心仪已久的军装，光荣地成为第二炮兵部队（现火箭军）的一名战士。入伍后，李世江随部队驻扎云南大山深处，修基础、筑堡垒，多次参加当地的抢险救灾。他以《中国共产党党章》严格要求自己，每个月都认认真真地写一份《入党申请书》，由于表现优异，第二年7月1日光荣地加入中国共产党。

一次云南当地发生地震，许多村庄房倒屋塌。李世江作为班长，带领战友攀山路、钻废墟，共救出19位村民。还有一次，驻地附近山洪暴发，有村民从上游被冲下来，连队紧急赶往救援。尽管李世江不会游泳，可他依然不顾个人安危，拴紧绳索，勇敢地跳入洪流，第一个下水救人，出色地完成了营救任务。每次想起村里老人小孩看到解放军时那种感激的眼神，他都深深感受到中国军人的职责和使命。

第二章 李世江的战斗：做个超越自己的战士

驻扎深山腹地，和战友们整日与"大国长剑"为伴的岁月里，有一件事让他记忆犹新。一次例行检查过程中，他发现一个国外进口部件出现异常，但是他们没有能力维修，只能等着外国专家前来处理。经过漫长的沟通和等待，外国专家提出的解决方案只有一个字："换！"听到这个结果，首长和战友们无不表示愤慨，因为维修变更换，成本会大幅增加。但在当时，他们只能妥协，因为没有其他选择！军工装备关系到国防安全，核心技术怎么能掌握在别人手里呢？从那时起，李世江的心里始终憋着一口气：什么时候我们才能挺直腰杆，不受制于人呢？

血与火的考验和洗礼，锻炼了李世江顽强坚韧的性格和一辈子对党忠诚、为党的事业勇于奉献的爱国情怀。他认为，人民最需要他们的时候，就是子弟兵为人民奉献的时候；祖国最需要他们的时候，无论是何身份，都是他们勇往直前、为国争光的时候。李世江从军时如此，退役后依然如此。

1973年，李世江退役回到地方，主动选择进入一家化肥厂做产业工人。凭借在部队里磨炼出的坚强意志和不怕困难、敢啃硬骨头的无畏精神，以及多年积累的专业技术，他仅用几年时间就当上了技术副厂长。1994年，因工作出色，李世江受上级领导多次邀请——当时媒体将之报道为"六顾茅庐"，访贤聘能——到濒临倒闭的焦作市冰晶石厂担任厂长。当时，上级领导给他开出的条件是：配车，一套住房，工资每月1000元，调动爱人一起工作。李世江的回答非常干脆："车不要、房不要，你恩赐的东西，我干不好，你随时都会拿走。工资也不能和工人拉开太多差距，那会脱离群众，适当即可。爱人在哪干都一样，我干得不好，她也不会来。我坚信，如果我干得好，会给职工盖房，还会没我的？职工都会买车，我会没车？我只要一个职务，一个平台。在温县我是副厂长，在这里我要做厂长，要有说了算的权力。只有如此，才能更好地干事创业。"

上级领导选贤任能，在那个年代，也是冒有一定风险的。李世江也没辜负他们的承诺和期望。

出任焦作市冰晶石厂厂长，李世江可谓临危受命。当时，厂子已经濒临倒闭。李世江多年之后依然记得自己第一次走进厂区的情景：条件简陋，资料短缺，200多名员工等着已经拖欠了3个月的工资……李世江当机立断，毫不犹豫，立即召集党员干部和退役军人开会，他对大伙说："我们共产党员，关键时候要冲锋在前，不能退却！作为当过兵的人，我们连死都不怕，还怕困难吗？"大家相信了他！李世江随即组成突击队，一头扎进车间，当年便扭亏为盈。此后，多氟多在李世江的带领下，调整工艺，革新技术，终于研发出系列新产品，让企业转危为安。经过多年努力，依靠技术创新，多氟多成功开发"氟硅酸钠法制冰晶石联产优质白炭黑"技术，并使之列入国家高技术产业化示范项目，将企业做到无机氟化工领域全国第一、全球第一，制定多项国家标准和国际标准，拥有了一个产业报国的平台。

1999年，焦作市冰晶石厂正式改制为多氟多化工有限公司，李世江担任董事长。改制后，在他的带领下，多氟多高起点地走上发展的快车道。作为党员的李世江，以及他展现出来的军人本色，给多氟多注入了军人般的血性。而李世江和多氟多，也因此赢得了数不胜数的荣誉。

习近平总书记在2019年新年贺词中指出，"要关爱退役军人，他们为保家卫国作出了贡献。"这一朴实的问候让千万退役军人热血沸腾，李世江同样心潮澎湃，"我也是一名军转干部！"李世江办公桌的正对面放着两本证书：一本是"全国先进基层党组织"证书,盖的是"中国共产党中共中央委员会"的大红印章;一本是"国家科学技术进步二等奖"证书,盖的是"中华人民共和国国务院"的大红印章。他一抬头就能看到这两本鲜红的证书,心里感到踏实、有依靠、有方向感,做事也更有精神、更有信心。

在部队里,李世江苦练本领、无私奉献,一心向英雄看齐;到了地方工作,他攻坚克难、创新奋斗,旨在为祖国争荣誉、为人类谋幸福。在实业报国的征程上,党和政府给了他许多荣誉:中国优秀民营科技企业家、中国民营化工功勋企业家、国家现代企业管理创新一等奖、河南最受尊敬的民营企业家……2019年"八一"建军节前夕,李世江荣获"全国模范退役军人"称号,他深感这份荣誉的分量,倍感珍惜。这份荣誉鞭策他要勇于做一名新时代中国特色社会主义建设的新兵,鼓励他要敢于做一名扛起"党旗红、国防强"的时代执旗手。

李世江在国内受到各方认可,在国外受到的礼遇也无愧于他作为一位退役军人的风采。所谓一朝为军人,一辈子有军魂。当过兵的人,心中始终都有一个信念,就是用生命捍卫国家和民族的尊严,让五星红旗在世界舞台上高高飘扬! 2015年,李世江前往德国参加汉诺威工业博览会,受邀到全球知名的库卡(KUKA)机器人有限公司访问。库卡公司安排为李世江升起中国国旗,当看到五星红旗在德国的天空高高飘扬时,他激动万分,不禁流下眼泪,心中默默地对着国旗敬了一个庄严的军礼,感到无比自豪。他深深地明白,这份尊重既是源于中国的民族工业在世界上挺起了脊梁,更是因为他的身后站着一个强大的祖国!

曾经,中国的高科技产业一片空白;曾经,我们的祖国一穷二白。走过半个多世纪的险难险阻，历经半个多世纪的艰苦奋斗，中国的民族工业终于站起来了，伟大的祖国势不可当地走上复兴之路，这是数以亿计骨子里铭刻着血性的中国人民共同奋进的结果。

溪流不辞劳，大海作波涛。李世江带领多氟多人一路前行，与祖国共成长，与时代共命运，参与到这一伟大的进程中。他从默默奉献的人民子弟兵到高举民族高科技产业大旗的企业董事长，血性是一股刻在骨子里的力量，汇聚成披荆斩棘、乘风破浪的伟大力量，助推中华民族的伟大复兴。

第二节
"四气"——超越自己从超越对手开始

眼界决定境界，格局决定结局，认知决定高度。

2006年，李世江和专家一起出访日本，了解到日本企业有一种重要产品叫六氟磷酸锂。六氟磷酸锂是一种无机化合物，化学式为$LiPF_6$，白色结晶性粉末，易溶于水和低浓度的甲醇、乙醇、丙酮、碳酸酯类等有机溶剂，主要用作锂离子电池的电解质材料。作为锂电池电解液的核心材料，六氟磷酸锂为日本企业垄断，每吨价格高达100多万元，昂贵的价格使中国的锂电池行业发展受到严重制约。

基于多氟多在氟化工方面已有的技术优势，李世江决心啃下这块"硬骨头"。在攻克技术难关的过程中，为了向日本企业取经，他多次主动邀请日本企业前来多氟多考察，并予以热情款待。日方代表来到多氟多后，当面同意李世江到他们企业参观，可是当李世江兴冲冲地赴约时，日方却以各种理由搪塞拒绝，连工厂的大门都不让他进。日方代表表面谦和、内心不屑的目光，李世江记忆犹新。日方代表还说："六氟磷酸锂技术是高科技长期积累的结果，就你们中国目前的水平，即使我们合作，你们也生产不了，因为你们的人员素质根本就达不到。"这席话就像一记耳光狠狠地打在李世江的脸上。那一刻，他告诫自己，核心技术是买不来、讨不来、等不来的，总有一天，我一定会生产出属于中国人自己的产品，不但不受制于你们，还要超越你们！

绝不服输的军人血性激发了李世江，这一干，就是八年。每当研发遇到难题时，李世江的脑海中就会浮现出日方代表那傲慢不屑的眼光，由此带来的屈辱和刺痛成为李世江坚持与前进的不竭动力。李世江形容这一经历为"卧薪尝胆，抗战八年"。

如今，多氟多自主研发生产的六氟磷酸锂，产销量跃居全球第一，不但替代进口，还大量出口日本，全球动力锂电池中，每3块就有1块用的是多氟多的六氟磷酸锂。六氟磷酸锂在多氟多实现产业化，打破了国外垄断，售价也由原来每吨100多万元降至10万元，为我国新能源行业的发展提供了重要的技术保障和产业支撑。多氟多挺起了民族工业的脊梁，为我国新能源汽车走进千家万户贡献了自己的力量。

由于成绩突出，这一成果先后获得国家科技进步二等奖、中国石油和化学工业联合会科技进步一等奖，并被国家科技部和发展改革委分别列入"863计划（国家高技术研究发展计划）"和国家战略性新兴产业，李世江也因此受邀参加由时任中共中央政治局委员、国务院副总理、国家制造强国建设领导小组组长马凯在北京主持召开的"2017国家制造强国建设专家论坛"。

超过对手的志气，不屈不挠的骨气，苦干巧干的底气，战胜困难的勇气，有了这"四气"，任何想卡我们脖子的难关都终将会被攻克。

超越对手，实现完胜，李世江的"抗战"取得圆满成功。李世江并没有就此停下脚步，他开始不断超越自我——以六氟磷酸锂的成功研发为基础，多氟多正昂首阔步地走上科技创新和军民融合的大道，锂电池系列新产品和半导体行业系列新材料陆续开发出来并不断走向市场……

第三节
因"祸"得福——当你足够优秀时,纠纷也能成就你

多氟多在快速发展过程中,曾经因为发展态势过好,大大超出市场预期,招致某些同行的嫉妒和眼红,他们便将矛头指向多氟多。在多氟多发展初期,某同行为巩固其市场地位,试图扰乱行业秩序,遂以"莫须有"的罪名在媒体上大肆抹黑多氟多,想借机搞垮多氟多,坐收渔利。趁此机会,有人悄悄给上级相关领导写信,捏造焦作市冰晶石厂处于水源地,污染严重,严重破坏当地水系,致使周围寸草不生,请求查处。原化学工业部(根据《关于国务院机构改革方案的决定》,已于1998年3月撤销)相关领导责成相关部门组成联合调查组,前往多氟多展开调查。

这封信的内容当然是无中生有。当时,李世江正在化学工业部跑项目。化学工业部一位工作人员好心地劝他说:"跑什么跑,企业能不能干下去还不知道呢,赶紧回去处理你的事儿吧。"李世江虚心地向他请教此事怎么处理,他问道:"你的企业到底怎么样?"李世江回答:"你去看一看,眼见为实。"他当时就向调查组提了两条建议:第一条建议,竞争对手告的状,不能让其去查,由于是发展改革委组织的,如果竞争对手非要查,采取折中方案,其到达焦作后住在宾馆,不能前往多氟多;

第二条建议，这项工作是化工行业的责任，应该组织化工专家调查，这样才有说服力。调查组经过认真调查，形成了权威报告，向社会公布：多氟多是受到检查的企业中最好的最规范的！

至此，多氟多因"祸"得福，不仅获得了行业专家的认可，而且赢得了社会的认同，反而因此成了行业表率。如此因"祸"得福的戏码，在多氟多并非只"上演"过一次，无水氟化铝的研制过程同样跌宕起伏。

多氟多无水氟化铝小试和中试完成后，取得了河南省科技成果鉴定。在这期间，多氟多曾与德国一家公司合作，不过对方出现一系列错误，致使合作项目失败，无法通过验收。多氟多遂推倒重来，按照自己的思路重新完成国家级新产品的开发。产品成功上市后，那家德国公司犯了"红眼病"，向多氟多索要4亿多元的经济赔偿。多氟多不甘示弱，打了一场国际官司，法院裁定向多氟多支付赔偿——多氟多大获全胜。经此一役，多氟多不仅证明了中国人能够凭借自己的智慧研发高科技产品，而且提升了自主知识产权保护意识，更为重要的是，多氟多借此打响了产品在国内外的知名度，又一次因"祸"得福。之后，无水氟化铝成为国家环保产品，获得河南省科技进步二等奖，在实施塔吉克斯坦援外项目时，多氟多的操作工人成为"国际专家"，无水氟化铝实现对外技术输出。

纵有疾风起，人生不言弃，多氟多的经历表明，当你足够优秀时，纠纷也能成就你。

第四节
从国家标准到国际标准——多氟多的"晋级"之路

20世纪90年代初,李世江曾在化学工业部帮忙。一次,他偶然看到一位规划司朋友的办公桌上有一份《中国氟化工发展策略》。这是1992年全国计划工作会议1号参阅文件,他便认真阅读起来并做了一些思考。结合自己对氟化工知识和磷肥生产工艺的经验,他了解到氟化工未来的发展,特别是中国无机氟未来的发展道路不能再走单纯开采地下萤石矿资源的老路,必须走一条资源综合利用的新道路,要利用磷肥的副产品——氟来做氟化盐。

当时,化学工业部已在编写我国的无机盐化工发展规划,其中有一个章节是《无机氟化工产业发展规划》。聊天时朋友问李世江:"你是搞化肥的,将来氟化工的发展方向,你有没有一些好的思路?"他当时就把如何利用磷肥的副产品发展氟化工的一些想法和思路讲了。规划司的朋友听后感觉非常有道理,就说:"你对无机氟还蛮有研究的,你帮我们编写这个《无机氟化工产业发展规划》吧。"李世江心想,这也是学习进步和交朋友的好机会,于是便参与编写了这个规划。李世江说:"这是国家战略,我们应该按照这个战略走,将来我要从事氟化工行业,一定要走一条资源综合利用的道路。"

这次难得的学习机会令李世江终身受益。由此，对化学工业的理解、对综合利用的理解，成为李世江人生中最重要的一课，这也为多氟多未来氟化工的长远发展奠定了基础。在李世江的带领下，多氟多的研发团队开始了这方面的研究，不知付出了多少艰辛和努力，也不知遭遇了多少冷眼和讥讽，最终于1999年开花结果，"氟硅酸钠法制冰晶石联产优质白炭黑"项目被原国家计划委员会评为"国家高技术产业化示范工程"，开创了无机氟化工行业的技术革命，成功探索出我国氟资源综合利用的循环经济新路。此外，该项目获得800万元国家配套资本金支持，多氟多以此为契机，由国有企业改制为民营企业，具备了创新基因，站上了无机氟化工行业发展的新起点和新高度。

同样在20世纪90年代，多氟多通过综合利用项目开发出一种新产品——高分子比冰晶石。高分子比冰晶石主要用于铝电解时降低电解温度和能源消耗，不少铝厂试用后反馈良好。当时，有色金属行业和地方政府对高分子比冰晶石进行了保护，致使高分子比冰晶石无法进入市场。即便多氟多打申请、写报告，也无济于事。

李世江找到南方一家知名铝厂的一位老总。这位老总是李世江的老乡，在听完李世江的解释后开诚布公地说："你的产品很好，完全符合我们的质量要求，但是我不敢使用，因为不符合国家标准。"这位老乡的意思李世江明白，高分子比冰晶石是一种全新的产品，自然"不符合"当时的国家标准，而铝厂在采购时必须按照国家标准进行，因此这还真是个问题。如此深受市场青睐的产品，却因为不符合标准被拒之门外，李世江有点不甘心。当时，他暗下决心：它不符合国家标准，我就努力让它符合。

李世江说到也真的做到了。

第二章 李世江的战斗：做个超越自己的战士

不久，国家标准化管理委员会一位领导来多氟多调研，李世江将这个想法向他做了汇报。这位领导说："你说得很对。国家标准就是要不断地修订来适应经济的发展。国家标准修订的主体不应是大专院校、研究院所，就应该是企业。"这席话给了李世江极大的鼓励。后来，有关冰晶石的国家标准正是由多氟多主持修订的。李世江记忆犹新的是，当为了修订国家标准而走访上述铝厂，告诉他们此行不是推销产品，而是商量如何制定标准时，他们投来的目光与此前是截然不同的。至此，多氟多开始致力于制定、修订国家标准，新产品也开始大踏步走向市场。与此同时，参与制定国际标准的机会也不期而至。

多氟多的产品，半数销往国外，在走向世界的过程中，也曾遇到国际标准制约的问题。有一次，美国美铝公司访问多氟多，对方傲慢地说："我们公司是世界上最好的铝业公司，生产的铝锭要制成飞机上天，我们需要世界上最好的产品与我们配套。多氟多和我们都是非常优秀的企业，希望同你们达成战略联盟。但是你们的产品不符合美国标准，希望你们通过努力符合我们美国的标准，这样我们就能采用贵公司的产品。"多氟多当即提出，双方采用国际 ISO 标准——既不采用美国标准，也不采用中国标准。

得益于技术创新取得的丰硕成果，多氟多多次参加国际标准化组织组织的相关会议，并以一系列技术创新打动了国际标准化组织的标委会。后来，国际标准化组织邀请多氟多承担氟化盐国际标准的修订或制定任务，并将多氟多的标准样品推荐为国际标准，多氟多由此成为国际标准的制定者，显著提高了我国在全球无机氟化工领域的国际地位。

优秀是一种习惯，生命是一种过程，两点之间最短的距离并不一定是直线。军人出身的李世江，遇到困难的山头，懂得变通的智慧，该迂回的时候要巧攻，该强攻的时候能猛冲。从国家标准到国际标准，李世江带领多氟多上下一心，成为民族氟化工的骄傲。

第五节
助力中国芯——李世江的中国心

作为一名人民子弟兵,他用血性证明了中国军人保家卫国、守护人民的坚定意志;作为一位企业董事长,他以血性诠释了什么是共产党员、什么是退役军人。血性如同一股刻在骨子里的力量,指引他不断战胜自我、超越对手,化艰难险阻为发展机遇,走上步步登高之路。这一切,只因他身怀一颗中国心,以拳拳爱国之心,始终出现在祖国最需要的地方,奋斗在祖国最需要的岗位。李世江的这颗中国心,在当前的特定历史时期下,表现为助力中国芯,因而显得弥足珍贵。

2018年4月,美国政府停止向中兴提供芯片供应,引起轩然大波,"缺芯少魂"的问题一夜之间严峻地摆在中国人面前。2020年9月15日,美国商务部再次向华为发难,华为几乎陷入无芯可用的不利境地,手机业务岌岌可危,众多业务受到强烈冲击。社会各界由此深刻地认识到,核心技术绝对不能受制于人,必须牢牢掌握在自己手中!

其实,李世江早在十多年前就已经意识到这一点。2006年,李世江下定决心,集全多氟多之力开发六氟磷酸锂生产技术,历时八年多方才实现突破。此后,多氟多一路高歌猛进,牢牢掌握了自己的命运,这就是掌握核心技术的益处。如今,面对霸权主义的打压，李世江和他的科研团队当仁不让，继续在电子级化学品市场潜心探索，日夜攻关，专注于研究芯片行业用原材料，迅速开发出电子氢氟酸生产新工艺，品质达到UPSSS级别，有力地支撑了我国关键原材料的国产化和供给安全。李世江凭借一颗中国心，为拥有一颗中国芯，继续发光发热。

电子级氢氟酸是高纯电子化学品中的一种，主要用于去除氧化物，广泛应用于半导体、太阳能光伏板和液晶显示器制造，其中半导体制造是其最大的应用市场，约占总消耗量的一半。它不仅应用于集成电路（Integrated Circuit，IC）和超大规模集成电路（Very Large Scale Integration Circuit，VLSI）芯片的清洗和腐蚀，是微电子行业制作过程中的关键性基础化工材料之一，而且可以用作分析试剂，制备高纯度的含氟化学品。在半导体制程中，有50多个环节需要使用高纯度电子氟化氢，电子氟化氢的纯度和洁净度对集成电路的成品率、电性能、可靠性都有着十分重要的影响，其重要性由此可见一斑。

多氟多的电子级氢氟酸的研发始于掌握无水氢氟酸生产工艺之后。无水氢氟酸经化学预处理后，进入精馏塔进行精馏操作，得到的氟化氢气体经冷却后在吸收塔中用超纯水吸收，并采用控制喷淋密度、气液比等方法使之进一步纯化，随后经 $0.2\mu m$ 以下超滤工序，最后在密闭洁净环境条件下（百级以下）进行灌装，从而得到最终产品——电子级氢氟酸。这便是多氟多开发的电子级氢氟酸生产工艺。

根据用途的不同，电子级氢氟酸分为 EL、UP、UPS、UPSS、UPSSS 五级，根据国际半导体设备与材料组织（SEMI）成立的 SEMI 化学试剂标准委员会对世界湿电子化学品等级的划分标准，分别对应 G1 级、G2 级、G3 级、G4 级、G5 级。其中，UPSS、UPSSS 属于高端半导体级别。日本和德国企业掌控了全球绝大部分高品质电子级氢氟酸的产能，处于绝对领先地位。据不完全统计，我国电子级氢氟酸生产厂家仅有 11 家，能够达到 UPSS 级别的企业只有四五家，多氟多是唯一达到行业最高级别 UPSSS 级的，已经进入国际一流水平。

多氟多电子级氢氟酸的品质达到国际一流水平，并非一朝一夕之事。李世江介绍说，多氟多在超净高纯电子化学品的研发生产过程中，先后突破一系列关键技术，包括工艺技术、分析检测技术、超净化处理技术、包装容器清洗技术及标准化技术等。

在全球氢氟酸市场中，日本企业居于绝对主导地位，市场份额超过 90%。以多氟多为代表的中国企业开拓海内外市场，当始于 2019 年。当年 7 月，日本政府凭借其在半导体材料领域的强势地位，对韩国实施制裁，限制向韩国出口数种关键半导体材料，电子级氢氟酸就在其中。一时之间，韩国半导体产业面临严峻形势，急需找到替代供应商，以免半导体产业遭到沉重打击。正是在这一背景下，多氟多等厂商把握机遇，迅速推动国产电子级氢氟酸进入韩国市场。趁此机会，我国电子级氟化氢厂商的生产能力得到增强，国际市场地位得到强化。不久，多氟多凭借过硬的产品质量和稳定的供应量，顺利通过韩国企业的审核，电子级氢氟酸出口用于韩国企业的 12 英寸高端半导体生产，成功跻身于全球高纯电子化学品材料供应链。

多氟多真正让业内刮目相看，是在 2022 年 5 月。当年 5 月 18 日晚间，多氟多官方发布公告，在经过台积电南京工厂现场审核和多轮上线测试后，多氟多正式进入台积电合格供应商体系，并开始向台积电（南京）有限公司批量交付高纯电子化学品材料。

多氟多向台积电供应的化学品便是 UPSSS 级别的电子级氢氟酸。每当说起此事，李世江都是感慨万千。他表示，高端半导体市场长期以来都被外国企业垄断，我国半导体产业发展所需的关键设备和超过 80% 的关键原材料长期依赖进口，严重影响了我国半导体产业的发展。早在 2013 年，多氟多便已建立万级清洗、千级灌装、百级分析室、电子级自动灌装线。十余年来，多氟多立足全球电子化学品市场，以半导体市场 8 英寸客户为起点，坚持研发，不断创新，开拓市场，开发出具有独立知识产权的电子级化学品生产新工艺，以电子级氢氟酸为代表的高纯电子化学品接连取得重大突破，先后获得美国德州仪器、韩国三星、中国长鑫存储等大型半导体企业的认可，不仅成功打入了美、韩等跨国半导体公司的供应链，而且大批量供应国内多条 8 英寸和 12 英寸半导体芯片产线。此次电子级氢氟酸进入台积电合格供应商体系，再次证明了多氟多在行业内的认可度和影响力。当然，过程并非一帆风顺。众所周知，台积电对于供应商的审查异常严格，为此多氟多高度重视，做了充分准备，成立由总经理挂帅的审核工作推进领导小组，统筹相关具体工作。领导小组严格按照台积电的要求，完善提升整个体系。审核分为三个阶段，分别为文件审核、现场稽核、产品验证。最终，经过两年多的审核，多氟多完成整个审核过程，凭借过硬的技术、创新的成果及稳定的品质通过台积电的验证，成功成为台积电合格供应商并开始批量供货。

得益于近年来国家对于半导体产业的重视和扶持，加之国产半导体产业链的自主可控与国产替代需求，电子级氢氟酸的国产化势在必行，客观上推动了多氟多电子级氢氟酸的研发与推广。当前，多氟多的电子级氢氟酸工厂年产能仅为 5 万吨，近年来，李世江带领多氟多积极谋求电子级氢氟酸扩产计划，未来几年将扩产至10万吨，以更好地满足半导体产业尤其是国内半导体产业持续增长的需求。对此，李世江充满信心。

十年磨得一剑，霜刃初试锋芒。李世江以超乎寻常的毅力和坚韧，响应国家强国战略，顺应行业发展大势，瞄准方向，不畏挑战，坚定信心，知难而进，以超前的战略布局，抢得发展先机，为中国芯、为我国的半导体工业贡献了自己的智慧。

第三章

李世江的颜色：红色是最显眼的底色

作为一名拥有54年党龄的共产党员，作为一名退役军人，红色就是李世江的颜色。他不仅如此坚信不疑，而且以此践行自己的诺言——为企业、为员工；为社会、为国家。他把"坚持党的领导"写入企业章程，他将党建引领落实到工作实际，他毕其一生以报答党的恩情，带领全体多氟多人回报社会、感恩祖国，这充分展现了一名老党员的胸襟与情怀。

第一节
红色——既是底色,更是特色

作为退役军人,数十年来,李世江心中总有割舍不断的军人情结。"相"由心生,他在工作中的方方面面,都展现出退役军人的特点,红色,成为他身上最为鲜明的特点之一。

传承红色基因,弘扬红色精神。 多年来,多氟多优先录取退役军人并使之常态化,累计安置退役军人460多人,其中120余人走上管理岗位,成为多氟多发展壮大的中坚和骨干力量。他们和李世江一样,保持和发扬部队的优良作风和光荣传统,建立起一个个攻坚团队和红色堡垒,形成一股强大的正能量,成为多氟多不断前行的"红色引擎"。

常怀军人情结,保持老兵本色。 虽然脱下了军装,但是永不褪色的是心中的信念和融入血脉的军人底色。每年"八一"建军节,李世江都会到地方驻军部队和优抚对象家中慰问,感谢部队官兵为祖国国防事业的辛勤付出。特别是参加过解放战争、抗美援朝的老英雄,他会怀着无比崇敬的心情,亲自送上深情的祝福,感谢他们为国家、为人民的无私奉献。

发起老兵论坛,搭建交流平台。 2015年12月31日,中央军委举行仪式,将第二炮兵正式命名为"中国人民解放军火箭军",并授予军旗。作为一名火箭军老兵,李世江无比激动,深感自豪。他倡议发起"火箭军八零八老兵论坛",搭建交流平台,邀请全国各地 300 余名新、老战友欢聚一堂,缅怀军旅生活,共叙战友情结。他们抚今追昔,感叹祖国发展,畅想美好未来。

听党话跟党走,党旗红企业兴。李世江力主将"坚持党的领导"写进多氟多企业章程,将党建融合发展作为保障多氟多建设发展的"定海神针"。坚持党的领导,坚持依靠群众,多氟多党员充分发挥先锋模范作用,党组织充分发挥战斗堡垒作用,带领广大多氟多人持续奋勇向前,不断攻坚克难。坚持党的领导,也有助于多氟多深刻领悟党的各项方针政策,提炼管理企业的精髓,确保企业始终行驶在正确的主航道上。多氟多党建展厅迎接八方来客,接待各行各业参观人数已突破 10 万人,成为河南省党建教育新标杆。

李世江深知,企业家要有家国情怀,要懂得把自己融入社会,要知道自己来自社会,最终仍要回归社会。他认为,良知与责任永远比金钱与名利更重要,在实现自身价值的同时,要不忘社会责任,要热心公益事业;企业作为社会的经济细胞,永远是社会的一分子,企业在追求发展的过程中,必须将自己置于经济发展的大局进行考量,必须有为国家、为民族作贡献的大格局。

习近平总书记在 2019 年新年贺词中指出,"要关爱退役军人,他们为保家卫国作出了贡献。"同年,李世江获得全国"最美退役军人"和"全国模范退役军人"荣誉称号。他异常珍惜这来之不易的崇高荣誉,同时开始思考:作为退役军人,作为多氟多代表,如何向党交出一份满意的答卷?该怎样为国家、为民族贡献自己的一份力量?他给自己的定位是:扎扎实实做好自己的本职工作,不忘初心。定位找准了,民族工业发展了,国防强大了,国家强大了，那才是真正的强大，只有国家真正强大了，他才能真真切切地感到由衷的自豪。

为党旗增色，为军旗增辉，是退役军人义不容辞的责任——李世江是这样认为的，也是这样行动的。在他身上，每个人都能感受到红色文化的熏陶，体验到红色精神的激励。红色，也成为李世江的底色，基于这种底色，他骨子里镌刻的、血液里流淌的，是对祖国经济繁荣的深切期盼，是对国防走向强大的殷勤期待，并甘之如饴地做出无私的奉献，这就是中国退役军人的红色精神，已经化为红色基因不断传承。

第二节
红旗——既在眼中，更在心中

2015年，李世江应邀访问库卡（KUKA）机器人有限公司，受到礼遇。库卡公司为李世江升起五星红旗，以表达对这位来自中国的企业家的敬意。而对于李世江而言，五星红旗不仅是国旗，更是号召，作为一名共产党员，他能深切体会到祖国的期盼，更加明白自己肩负的使命。当时，他面对国旗，在心中庄严敬礼。对他来说，红旗既要看在眼中，更要记在心中。

一、他树起一面红色旗帜

一朝为军人，一辈子有军魂。1994年，李世江临危受命，出任濒临倒闭的焦作市冰晶石厂厂长，他以共产党员和退役军人的双重身份，将厂里共产党员和退役军人组织起来，克服重重困难，带领大家摆脱搁浅的泥潭，驶入飞速发展的主航道；2006年，李世江随团出访日本，了解到氟化工领域"皇冠上的明珠"——六氟磷酸锂生产技术为日本企业垄断，遂八年磨一剑，掌握了六氟磷酸锂的生产技术，挺起民族工业的脊梁；李世江深知芯片关系国家经济安全、国防安全，他不顾半导体行业的高门槛，以党务工作者的胸怀和企业家的责任感挑起电子级氢氟酸的研发重任，从 PPM 级到 PPB 级，再到品质达到全球最高级的 PPT 级……数十年辛勤耕耘，几十载春华秋实，李世江就像一面旗帜，带领多氟多从一家芝麻绿豆般的小厂子成长为全球知名的新材料企业。

2021年"七一"前夕，当李世江戴上"光荣在党50年"纪念章时，他难掩激动；当李世江走进人民大会堂接受"全国优秀党务工作者"颁奖，并在第一排与党和国家领导人合影留念时，他激情满怀。"这是我一生最难忘的日子。表彰大会上，我聆听了习近平总书记的重要讲话，深刻领会到'不忘初心、牢记使命'的内涵，深深体会到我党的伟大与光荣，也让我更加坚定了产业报国的信念和决心。"李世江说，"作为民族企业，就要有民族担当，勇于攻克'卡脖子'技术，为国家分忧。作为企业家，我最大的心愿，就是让中国的企业冲在创新最前沿，拥有自主核心技术，让民族工业屹立在世界舞台上！"

李世江说到了，也做到了，如今他的办公室里有两本证书分外显眼：一本是中共中央颁发的"全国先进基层党组织"获奖证书，另一本是国务院颁发的"国家科技进步二等奖"获奖证书。这是对李世江和他带领的团队30多年来孜孜以求、不甘人后、执着追求的褒奖。

二、他建成一座红色堡垒

多氟多人的心是红的，血是热的，骨头是硬的。

2017年，在李世江的力主下，多氟多将"将坚持党的领导"写进企业章程。"一融合四坚持四培养"便是多氟多历经多年摸索出来的党建工作法。所谓"一融合"，即党、企融合。所谓

"四坚持"，即坚持党的领导，推动非公企业经济健康发展；坚持党建创新与企业创新融合发展；坚持党的宗旨教育，构建企业文化新格局；坚持党的群众路线和民主管理思想，推动企业民主管理出效益。所谓"四培养"，即把企业生产、经营、技术骨干培养成党员；把党员培养成生产、经营、技术骨干；把党员生产、经营、技术骨干培养成先进、标兵、劳动模范；把先进、标兵、劳动模范培养成企业学习的榜样。据不完全统计，党员在多氟多高管中的占比高达80%，80%的党员在技术、管理、生产、市场等重要岗位承担重要责任，20%的党员业务骨干进入企业经营管理层，实现了党组织在企业中的全面覆盖。

李世江积极发挥自己红色旗帜的作用，将多氟多的党员凝聚成一个坚不可摧的整体，将党组织建设成一座固若金汤的红色堡垒。他就像一座灯塔，多氟多每个党员都像一只小船；他带给他们光明，他们从他那里获得前行的动力。面对硝烟弥漫的市场，面临汹涌波涛的冲击，李世江为多氟多的发展把舵定航，多氟多人在他的带领下，习惯了大风大雨，勇于直面任何拍岸惊涛。这就是榜样的力量，它感召、带动、凝聚一群人；这就是定盘星的作用，它影响、引领、成就一批人。在多氟多，广大党员、普通职工爱企业、做主人已成风尚，截至2022年1月的数据显示，多氟多共收到员工合理化建议1万余条，获得奖励的有4800余条，其中关于工艺改进和技术创新的建议超过75%。

三、他点燃一个红色引擎

榜样就在身边，英雄随时诞生。"你就像那冬天里的一把火，熊熊火焰温暖了我的心窝……"30年前，李世江就像一把火，温暖了焦作市冰晶石厂全体共产党员和退役军人的心窝；30年来，李世江仍像一把火，点燃了全体多氟多人的工作激情和创新梦想。在他的引领下，一个红色引擎被点燃，正迸发出熊熊烈火。

李世江坚信，小成功靠个人，大成功靠团队，长久成功靠永远跟党走。"管理企业的灵感，来自中国共产党治理国家的成功经验"，这是他发自肺腑的经验总结，是历经风雨之后得出的最深刻的体会，更是最值得珍惜的宝贵经验和精神财富。多氟多的党建展厅已成为广大党员及普通职工砥砺初心、奋力拼搏的"充电室"；多年坚持党员积分管理制度，一月一打分，一季度一评选，选出五星党员……多氟多从小到大、由弱变强、从焦作走向全国、由中国奔向世界，谁能否认30多年党建之火的巨大功劳？其中，又数点燃这把烈火的李世江功劳最大。借由这把熊熊燃烧的烈火，李世江点燃了一个红色引擎。全国"五一劳动奖章"获得者、闫春生技能大师工作室负责人、多氟多总工程师闫春生就是其中的佼佼者，他从一名技术人员成长为多氟多的"金字招牌"，作为一名优秀的共产党员，他带领创新团队攻克无数技术难关，突破日本企业的技术封锁，研发出令世人瞩目的六氟磷酸锂。

由于在党建领域工作出色，李世江先后荣获"全国优秀党务工作者"全国"最美退役军人"等荣誉，而多氟多也先后赢得"全国先进基层党组织""全省非公有制企业党建工作示范点""全省五好基层党组织""全省先进基层党校"等称号。

"没有党的领导和改革开放的好政策，就不会有多氟多的今天。党建引领是多氟多的制胜法宝，新的征程上，我们将进一步做实党建工作，点燃红色引擎，为企业高质量发展提供强劲动力。"李世江说。

党旗红，企业兴。李世江办公室里的红旗依旧鲜艳夺目，他心中的那面红旗仍在指引他续写属于他以及多氟多的传奇故事。

第三节
红心——既是初心，更是善心

一个个令人敬佩的荣誉，一面面井然有序的荣誉墙，见证了李世江的精彩过往，诠释了多氟多的艰难历程。作为世界氟化工领域的领跑者，多氟多开创了中国氟化工产业的新时代，成为世界氟化工行业不可或缺的组成部分；作为多氟多的掌舵人，李世江秉承产业报国的坚定信念，不忘初心、牢记使命，并将这份初心薪火传承，化为全体多氟多人的自觉行动。

一、产业报国的初心永不变

"国家需要什么，我们就做什么。"李世江说："作为民营企业负责人，国家给我们民营企业发展培育了健康、独立的土壤，我们对国家应该是感恩的。"带着这份感恩之情，李世江产业报国的雄心壮志从未止息，发展征程中遇到的所有困难与挫折，反而化为拼劲、闯劲、干劲，这既是作为军人刻在骨子里的坚毅，也是作为企业家应有的激情。

作为锂离子电池的关键材料，六氟磷酸锂曾长期为日本企业垄断，每吨售价高达百万元人民币。2006年，李世江前往日本考察学习，对方连工厂的大门都不让进，并对多氟多极尽轻蔑之能事。这激起了李世江的军人血性，他暗暗发誓不仅要研制出属于多氟多、属于中国人自己的六氟磷酸锂，而且做出比日本企业更好的产品，并卖到日本去。李世江回国后，即刻成立六氟磷酸锂研发小组，组织开展技术攻关。经过800多个日日夜夜，历经数千次失败，多氟多人成功研制出2克六氟磷酸锂。从2克到1000吨，多氟多人仅仅用了3年时间，2011年，多氟多成为我国第一家自主研发并实现产业化的晶体六氟磷酸锂供应商，中国的氟化工产业由此走进新的时代。

以六氟磷酸锂为基础，李世江带领多氟多在科技创新的大道上"狂飙"。早在多氟多成立之初，李世江就致力于氟、锂、硅三个元素的研究，探求氟在人类生活和工业应用中的无限可能，旨在打造全球氟材料行业引领者，开启全球氟化工发展史上的"多氟多时代"。在打破日本企业对于六氟磷酸锂的垄断、实现进口替代后，多氟多再接再厉，又陆续完成电子级氢氟酸等国家级"卡脖子"工程，其中电子级氢氟酸达到国际领先的UPSSS级，成功进入全球高端半导体供应链；承担了国家"863计划"、国家战略性新兴产业、工业强基工程等国家级项目23项，取得科技成果30项……经过多年不懈努力，多氟多已经走出一条"技术专利化、专利标准化、标准国际化"创新发展道路，成为国家技术创新示范企业、国家知识产权示范企业。30多年来，可以说祖国需要什么，多氟多就发展什么，并以此发展理念为要，踏准国家产业政策的节点，突破一个又一个产业难点，促进了中国无机氟化工和新能源材料产业的蓬勃发展。

二、热衷公益的善心永相传

发展为了人民、发展依靠人民、发展成果由人民共享。**李世江坚定地认为,"没有成功的企业,只有时代的企业,是国家和这个时代造就了今天的多氟多"**。因此,他始终坚持党建引领,将多氟多建设成为党建文化传播的"试验田",使革命精神在多氟多薪火相传,将党建的根基深深植入多氟多创新发展的肥沃土壤;多氟多党委则以"党旗红,企业兴"作为不变的信念,发挥模范带头作用,在多氟多党员的带动下,使奉献成为一种风尚,使每个多氟多人心中奉献的火焰生生不息。

在李世江和多氟多党委多年坚持不懈的努力下,多氟多在科技创新的征程上稳打稳扎、步步为营,将全体多氟多人凝聚成一个坚不可摧的战斗集体,构筑了一个牢不可破的战斗堡垒,走上了一条立足于党建、致力于创新、落点于奉献的红色道路。正因如此,李世江被评为"全国优秀党务工作者"全国"最美退役军人"等,多氟多党委被评为"全国先进基层党组织""全省非公有制企业党建工作示范点""全省五好基层党组织""全省先进基层党校"等。

在李世江和多氟多党委的引领下,多氟多人做到了奉献岗位、奉献企业,同时又以党建引领为基,履行社会责任,奉献企业爱心,向社会贡献力所能及的正能量,并将这份善良赓续传递下去。**如今的多氟多,人人存向善之心、道向善之语、行向善之事、施向善之举,形成了浓厚的向善氛围。**

最近五六年,多氟多累计捐赠 2000 余万元用于各类公益慈善事业;自 2008 年以来,和焦作红十字会联合举办 9 次造血干细胞集体捐献活动,1700 多名多氟多员工加入中华骨髓库,其中 16

人配型捐献成功，捐献率达100%，配型比例创全国最高纪录；20余年来，每逢重大节日，尤其是八一建军节，坚持到地方驻军部队和优抚对象家中慰问，送上慰问品、慰问金，感谢部队官兵为祖国的国防事业和社会安定所作的辛苦付出和无私奉献。而在多氟多内部，每逢"八一"前夕，多氟多党委也会组织召开退役军人座谈会，送上节日的慰问，为之排忧解难，为退役军人创造轻松愉悦的工作氛围。

在李世江的带领下，多氟多在推动自身发展的同时，积极承担社会责任，主动履行社会义务，将个人价值与社会责任充分融合起来，将习近平经济思想"发展为了人民、发展依靠人民、发展成果由人民共享"的理念落到实处。2023年1月，李世江获得首届"焦作楷模"荣誉称号。这份荣耀可谓焦作人民对他多年来带领多氟多人热心公益事业、积极回报社会的最佳褒扬。

可以预见，李世江的这颗红心——不论发展产业的初心，还是向上向美的善心，仍将持续发挥光与热，继续影响多氟多全体员工，并赋予多氟多更为浓郁的红色。

第四节
党建——既是目的，更是动力

中国共产党第二十次全国代表大会报告指出，"推进国有企业、金融企业在完善公司治理中加强党的领导，加强混合所有制企业、非公有制企业党建工作，理顺行业协会、学会、商会党建工作管理体制"。**作为一家民营企业，多氟多始终坚持党建引领；作为多氟多的掌舵人，李世江力主将"坚持党的领导"写入企业章程——党建文化得以在多氟多生根发芽，日益枝繁叶茂。**从这个角度来看，多氟多的创业史也可看作是不断加强企业党建的发展史。

一、成为红色企业，党建就是目的

坚持党的领导，是烙印在骨子里、融化在血液里的。2017年，当李世江倡议将"坚持党的领导"写入企业章程时，并非所有人都能深刻理解他的良苦用心。经过数年发展，当多氟多成为焦作市以至河南省非公党建的楷模，先后获得"全国先进基层党组织""全省五好基层党组织"等荣誉，李世江荣获"全国优秀党务工作者"全国"最美退役军人"等称号，多氟多以"红色企业"示人，多氟多人焕发出蓬勃向上的精气神时，大家才不得不佩服李世江当初的选择。

第三章　李世江的颜色：红色是最显眼的底色

"有人很好奇，多氟多从一家区级小企业成长为全球氟化工、新能源两个领域的隐形冠军企业，秘诀是什么？我告诉他们，多氟多的管理精髓来自党的领导，来自深刻领会党在不同时期的经济方针政策。"这是李世江发自肺腑的声音。

出生于1950年的李世江，早已过古稀之年，以他个人的财富完全可以安享晚年，尽享天伦之乐。但是，忙碌依旧是他每日的常态。每天早上8点，他准时到办公室，晚上8点，他的办公室里仍然灯火通明；他走遍天南地北，奔波于国内国外，为多氟多的未来争取更多更好的发展机遇，为中国的氟化工产业打开更广阔的发展空间……

"老李的精神状态真好，干事创业的劲头真足，永远都是那样激情澎湃，永远都是那样神采飞扬，不愧是企业家的楷模。"焦作市一名领导出于工作原因与李世江多有交集，时常发出诸如此类的赞叹。李世江曾对这类赞赏回复道："节假日、周末不干工作，还能干什么？"

二十世纪五六十年代出身的那一代企业家、企业老板，经历过物质匮乏的年代，改革开放后，深知当时中国跟发达国家的差距，有着自己独特的社会认知观，也有着一代人的共同紧迫感，努力而为，奋起直追，这是中国最勤奋的二代人，用自己的辛勤劳动，迅速缩小了与发达国家的差距。

李世江正是那一批企业家的代表之一。

历经几十年探索发展，李世江带领多氟多走出了一条独具特色的以党建为中心的公司治理之路，即以党建工作为抓手，做实做细做精，凝聚员工人心，提高整体素质，推动企业持续健康发展，真正做到了"党建强，人心齐，企业兴"。首先确立党组织在公司治理中的法定地位，即通过将"坚持党的领导"写入企业章程，把党组织融入企业管理，如此公司便获得了组织保障和制度保障，为持续做强、做优、做大奠定了基础；其次建立交叉任职制度，即党委班子和与经营管理层交叉任职，推动党建工作与生产经营管理深度融合，并建立党组织与经营管理层双向互动机制，使党组织的决定融入企业的决策之中，不断提升党建工作的融合度；最后坚持"四项培养"，即把企业生产经营技术骨干培养成党员、把党员培养成生产经营技术骨干、把党员生产经营技术骨干培养成先进标兵和劳动模范、把先进标兵和劳动模范培养成企业学习的榜样，从而将党的政治优势转化为企业发展的人才优势，充分发挥党组织培养人才、善用人才、凝聚人才的优势，将组织建设作为吸引人才、培养人才的重要途径。

党建强，企业兴，多氟多的党建工作取得了令人瞩目的成效。2021年，多氟多完成营业收入77.99亿元，同比增长85.29%，归属于上市公司股东的净利润达12.6亿元，同比增长2490.80%；2022年全年营业收入123.58亿元，同比增长58.47%，归属于上市公司股东的净利润19.48亿元，同比增长54.64%。得益于党建工作的优异表现，多氟多取得了良好的经营业绩，给广大投资者带来丰厚的回报。多氟多跨入百亿企业行列，立足百亿起点，立志百年企业。多氟多开启百年企业新征程。

二、成为优秀企业，党建就是保障

党建做实就是生产力。

李世江对于多氟多的影响是显而易见的。**他曾说："作为一名1969年入党的老共产党员，我最大的心愿就是让中国的企业冲在创新的前沿，拥有自主核心技术，让中国的民族工业屹立在

第三章 李世江的颜色：红色是最显眼的底色

世界的舞台中央。"这一初心，让李世江始终没有停下奋斗的脚步。数十年来，在李世江的影响下，多氟多坚持党建引领、科技创新的发展理念，队伍得到锤炼，人心不断凝聚，走出了一条"技术专利化、专利标准化、标准国际化"的发展路线，先后承担国家"863计划"、国家战略性新兴产业、国家强基工程等国家级项目23个；主持制定、修订100多项国家标准、行业标准；"锂离子电池核心材料高纯晶体六氟磷酸锂项目"获得国家科学技术进步二等奖，登上了中国科学技术的最高殿堂……

1994年，李世江赴任焦作市冰晶石厂，初次走进工厂大门时，正逢倾盆大雨，他蹚着洪水，迎接他的是荒草丛生的厂房、濒临倒闭的厂子、人心涣散的员工以及拖欠数月的工资。他振臂呐喊："共产党员站出来！"以共产党员为主体的突击队，在李世江的带领下，振奋精神、鼓足信心、凝心聚力，战胜重重困难，当年便将主打产品冰晶石的产量从3000吨提高到3万吨，保障了企业和员工队伍的稳定。

2006年，李世江组建科研团队，对六氟磷酸锂进行技术攻关，闫春生作为团队负责人，担起研发重任。在技术攻坚的过程中，研发团队多次遭遇事故，历经艰难方才取得成功。"都是高毒、高危险、高腐蚀的原料，夏天的时候没有降温装置，氟化氢非常容易气化，尤其是无水氟化氢，没有人知道如何把它从生产线上取到实验小瓶中。第一次是我去开的，但是我手抖，我也害怕。"闫春生回忆道，"我是团队领头人，又是共产党员，遇到再大的困难，我也必须冲到前面。"

2010年，多氟多在深圳证券交易所成功上市。此后不久，传统氟化盐产业遭遇发展瓶颈，需要到资源丰富的甘肃省白银市、云南省昆明市建设氟化盐生产基地。艰苦的工作环境和工作条件，是可以预见的。为此，基层党组织在民主生活会上就是否愿意到甘肃、云南工作作为一个话题予以讨论，结果党员们的手齐刷刷地举了起来——他们一致表示愿意前往……

李世江曾经深有感触地说："党建这把金钥匙，打开了企业发展之门，拓宽了企业发展之路。"

三、成为创新企业，党建就是动力

企业党建和事业发展的"双赢"格局，成为多氟多一道独特的风景线。

走进李世江的办公室里，有两本证书显得分外显眼：一本是中共中央颁发的"全国先进基层党组织"获奖证书，另一本是国务院颁发的"国家科技进步二等奖"获奖证书。前者是对多氟多党建工作的褒奖，后者是对多氟多科技创新的赞扬。这也可以佐证，党建对于多氟多创新的推动作用不容忽视，事实也正是如此。"看到这两本证书，我感到方向明，决心大。"李世江说。

在多氟多，党建与管理相互融合的发展模式业已成型，党建融合创新发展成为高质量发展的助推器。党委和管理层交叉任职，实现优势互补，即将经理层、业务骨干吸收到党委中来，党委领导进入管理层兼职；公司重大决策、重要干部任命都要征求党委意见，接受党委的指导和监督。在李世江和党委的全力推动下，多氟多的党建工作不断开拓新领域，拓展新空间，打造出非公党建的"红色名片"。2021年"七一"前夕，李世江应邀走进人民大会堂，参加"全国优秀党务工作者"颁奖活动，并站在第一排与党和国家领导人合影留念。他感到无比自豪，激动的心情久久不能平复，因为他知道，这是党中央对他及多氟多的肯定。

第三章 李世江的颜色：红色是最显眼的底色

李世江曾坚定不移地说："党建做实了就是生产力、推动力，做强了就是竞争力、创造力。" 事实正是如此，已过而立之年的多氟多，始终充满青春活力、保持青春朝气，并作为全球氟材料行业的引领者而不断攀登高峰，就是依靠党建打下的牢固根基，将之化为生产力和推动力，在科技上下功夫，在创新上做文章，进而不断提升多氟多的竞争力和创造力。

李世江深知，技术创新是企业转型发展的灵魂，抓创新就是抓住了经济社会发展的"牛鼻子"。多氟多之所以能够干成很多企业干不成的事，关键就在于持续不断地创新。 多氟多积极夯实创新平台，国家认可实验室、国家级技能大师工作室、河南省氟基新材料产业研究院、河南省氟基功能新材料创新中心、河南理工大学新材料产业学院等创新平台应运而生。2023年6月29日，"清华大学—多氟多氟基新材料联合研究中心"揭牌成立；引育创新人才，引才、借才、育才相结合，与中国科学院、清华大学等院所合作，在抢抓行业前沿技术上始终保持领先地位。畅通人才晋升通道，弘扬工匠精神；健全创新机制，投入机制上保证研发费用稳固增长，远高于行业平均水平；激励机制上实行"揭榜挂帅"和"赛马"制度，加大奖励力度，并持续打造创新生态，建设适应多氟多发展的创新体系等。

随着人工智能、物联网、大数据、云计算的蓬勃兴起，数字化、网络化、智能化正成为制造业的未来方向，多氟多于2016年成立了以李世江为组长的智慧企业建设与管理变革领导小组，旨在以"三智工程"（智慧企业、智能制造、智才聚集）为载体，致力于打造涵盖三个维度（组织维度、管控维度、过程维度）、九大要素（董、监、高、人、财、物、供、产、销）的系统多维、互联互通的智慧云平台。经过一系列数字化、智能化改造，多氟多制造转型升级成效显著。2017年，新能源锂电池智能制造车间被列入"国家智能制造新模式新标准应用"专项，同时参与国家锂电池智能制造行业标准制定。2018年，氟化盐生产线入选河南省优秀智能化改造项目名单；成为河南省石油和化学工业协会智能制造推进联盟理事单位，获得"河南省智能制造标杆企业"、e-works"中国标杆智能工厂"等荣誉。

在新材料、新能源方面，多氟多也不遑多让。多年来，多氟多站在化学元素周期表的高度研究能源体系，以新能源产业牵引新材料发展，以新材料发展支撑新能源产业进步，深耕细作氟基新材料、电子信息材料、新能源材料、新能源电池四大领域，构建新材料支撑新能源、新能源牵引新材料的发展新格局。

2022年，多氟多上市10年，正式跨入百亿俱乐部，如今正朝着千亿俱乐部的目标奋勇前进。党的二十大报告提出，坚持和完善社会主义基本经济制度，毫不动摇巩固和发展公有制经济，毫不动摇鼓励、支持、引导非公有制经济发展，充分发挥市场在资源配置中的决定性作用，更好发挥政府作用。"这是给民营企业吃了定心丸，必将给民营企业带来更大的发展空间。"李世江表示，多氟多坚定不移弘扬党建文化，扎实推进技术研发，坚持创新驱动发展战略，必将迎来更加辉煌的明天。

第五节
党恩——既要牢记，更要报答

2021年7月1日，中国共产党百年华诞，李世江应邀赴京，在人民大会堂接受中共中央授予的"全国优秀党务工作者"荣誉称号，并于第一排就座，与所有受表彰人员一起，荣幸地受到习近平总书记的亲切接见。面对金光灿灿的奖章，李世江感慨万千，因为这是对其为党的伟大事业做出贡献的褒奖。他深知，是党给了他学习与成长的机会，是党助他砥砺前行、脱胎换骨，是党赋予他使命感和责任感，是党成就了他、成就了多氟多……

李世江在获奖后说："我从一个苦孩子、穷小子，成长为一名共产党员，又成长为全国优秀党务工作者，感到非常幸福，永远听党话、跟党走，心是红的，血是热的，骨头是硬的。下一步，我们多氟多将再开发几个解决'卡脖子'问题的新产品，为国争光，为中华民族争光。" 牢记党恩，报答党恩，这是李世江面对中共中央给予的荣誉，所做的发自肺腑的选择。

一、成为一名光荣的共产党员，党恩永不忘

既要低头看路，也要抬头看天，这个天就是中国共产党的领导。生在新中国，长在红旗下，是李世江这一代人的生动写照。

他出生于河南省怀川地区，儿时生活艰苦，最大的梦想是参军报效祖国。1968 年，他终于穿上心仪已久的军装，成为第二炮兵部队（现火箭军）的一名战士，驻扎到云南的大山深处。镇守边疆期间，李世江团结战友，苦练本领，谦虚谨慎，不怕吃苦，养成了正确的世界观、人生观和价值观。多次抢险救灾中，他均冒着生命危险，抢救群众，保护百姓，有过很多感人事迹，屡次获得司令部和连党支部的嘉奖。他秉持"一不怕苦、二不怕死"的革命精神，怀着对伟大领袖毛主席深厚的革命感情，带着问题活学活用毛泽东思想，由于表现出色，多次被评为"五好战士"。

1969 年 7 月 1 日，李世江光荣地加入中国共产党，成为一名年轻的共产党员。在他的《入党志愿书》里，一笔一画都显示着对党组织的无限向往，一字一句都饱含着对党组织的无比忠诚，字里行间都流露着永远跟党走的坚定信念。他坚信，"大海航行靠舵手，干革命靠的是毛泽东思想"，"没有共产党就没有新中国"。入党介绍人对他的评价是：上进心强，勇于挑重担子，工作有干劲，助人为乐……

血与火的洗礼，淬炼了李世江坚忍不拔的革命意志，生与死的考验，坚定了李世江的共产主义信念。他牢固树立了坚持中国共产党的领导、为共产主义事业奋斗终身的革命理想和崇高追求。他牢记党恩，不忘使命，因此复原转业，面临人生重大抉择时，他没有选择"躺平"——到舒适的环境中生活，而是一门心思想着干点儿实实在在的事儿，便选择来到温县化肥厂当了一名产业工人。当时他并没有意识到，自己这份胸襟和胆魄，为他树立了一个与众不同的人生目标，并将其命运与国家的命运紧紧联系在一起。

虽然只是一名普通的工人，但是李世江从来不敢忘记自己共

第三章 李世江的颜色：红色是最显眼的底色

产党员的身份，工作中脏活苦活抢着干，不喊累，不抱怨，乐在其中。他利用业余时间，钻研和摸索设备的性能指标、运行状况以及维护保养等，提出许多有关工艺改进和延长设备使用寿命的建议，受到领导好评，因此被提拔为设备管理负责人。由于表现优异，李世江受命前往北京帮助跑项目。他善于学习，勤于思考，并且将所思所学运用于工作实践。凭借这些特点，他因缘际会踏入氟化工产业领域，参与编写国家《无机氟化工产业发展规划》。借此机会，他不仅系统了解了我国氟化工未来的发展趋势，锻炼了对行业前景的洞察力和国家战略布局的领悟力，而且萌生了进军氟化工产业的梦想，为走上产业报国之路奠定了坚实基础。

从北京回到焦作，李世江已在当地小有名气，中站区领导看中他的能力，"六顾茅庐"邀请他出任焦作市冰晶石厂厂长，并开出当时可谓极具诱惑的条件。李世江表示，"一切高薪酬高待遇我都不要，只要一个干事业的平台"。当时，冰晶石厂人心涣散，生产瘫痪，濒临倒闭。李世江的党员和退役军人的身份发挥了重要作用，他将全厂党员和退役军人组织起来，以党性原则和军人的方式与之进行推心置腹的沟通，凭借钢铁般的意志和永不服输的精神打动了他们。当年，冰晶石厂扭亏为盈，转危为安。随着员工队伍的稳定，冰晶石厂重新焕发生机，期间由党员和退役军人组成的突击队发挥了重要作用，其中肯綮则是党组织的凝聚力和向心力。李世江没有忘记，是党培养了他，给了他一呼百应的能力；所有党员都清楚，党员身份不仅是一种责任，更是一种义务，唯有向党组织紧紧靠拢，才不枉入党时所做的庄严宣誓。

二、成为全国优秀党务工作者，党恩要报答

核心在党委，担当看党员。**李世江始终牢记党的使命，与强国战略同频共振，深耕细作氟化工领域，探索氟在人类生活和工业应用中的无限可能。**

20世纪90年代，李世江利用氟化工之于经济发展的重要作用，探索资源综合利用的新途径，历经1000多个日日夜夜艰苦卓绝的技术攻关，成功研发了"氟硅酸钠法制冰晶石联产优质白炭黑"生产技术，打破了"氟硅不分家"的行业定势，开创了"氟硅巧分家"的崭新天地，因此被评为"国家高技术产业化示范工程"，得到业内资深专家的一致好评。借此奠定的基础，多氟多种下了创新的基因。1999年年底，多氟多化工有限公司正式成立，李世江带领全体多氟多人继续在全球无机氟化工产业的版图上"开疆拓土"，先后开发出氟硅酸钠法制冰晶石、氟铝酸钠法制冰晶石、再生冰晶石和无水氟化铝等拥有自主知识产权的氟化盐产品新工艺。其中的无水氟化铝生产工艺作为多氟多自主创新开发的第三代新技术，标志着多氟多的无水氟化铝生产水平已跨入世界先进行列，进入世界氟化工行业三强之列。

笃行致远，唯实励新。21世纪注定是个以创新求生存谋发展的世纪。2008年，经过两年多的刻苦钻研之后，多氟多掌握了曾被日本企业垄断的六氟磷酸锂生产技术，数年之间便实现了产业化，挺起了民族工业的脊梁。此后，李世江响应国家号召，顺应历史发展大势，从服务化工向服务新能源产业迈出关键一步，推动了我国新能源产业的繁荣。李世江深知，核心技术是要不来、买不来的，必须科技自强，实现核心技术自主。他也明白，从氟化工转向新材料、新能源，必须进行战略布局，不仅需要科技创

新引领，而且必须尊重科学规律；企业家既要有战略眼光，也要有智慧引领。

李世江表示："芯片关系国家的经济、国防安全，作为一名党务工作者、一名企业家，有责任来承担国家的使命。"他立足自身岗位，以党员身份要求自己，力争为国家经济安全和国防安全贡献一份力量，以报答党的恩情。在李世江的力主下，面对半导体行业的高门槛，多氟多人无所畏惧，坚持自主研发，对电子级氢氟酸持续投入，从PPM级到PPB级再到PPT级，直至品质达到最高的UPSSS级。多氟多紧跟世界半导体芯片的发展步伐，成功跨入半导体产业供应链第一梯队，实现了世界级中国造。"要突破一些重大'卡脖子'工程，就必须要通过数字化表达，借助5G技术，在新能源材料和电子信息材料方面实现创新突破。"李世江谈到新材料战略布局时充满信心。

报答党恩，当然不限于此。数十年来，李世江坚持党建引领，坚定理想信念，党建活动举办得红红火火，社会公益开展得如火如荼。

作为一名有50多年党龄的老党员，李世江坚信党旗红、企业兴，"党建，做实了，就是发展力；做细了，就是竞争力"。 为此，他把企业建设作为党建文化传播的"试验田"，让革命精神在企业薪火相传，将党建的根基深深植入企业发展的肥沃土壤里。例如通过红色人才培养工程，将生产经营技术骨干培养成党员，把党员培养成生产经营技术标兵，把党员生产经营技术标兵培养成经营管理人员，现有的200多个党员，其中80%在技术、管理、生产、市场等重要岗位担当重要职责，20%的党员业务骨干进入经营管理层；将党支部建在车间班组，以"我是共产党员""我郑重承诺"为内容的党员示范岗活动成为常态；党员在本职岗位上争先进、作贡献，掀起一股股党员岗位练兵、技术比武的热潮，使每个党员都充满凝聚力、创造力和战斗力；创建党建与管理相互融合的新型管理模式，将"坚持党的领导"写入企业章程，党委与管理层交叉任职，实现优势互补，董事会成员、经理、业务骨干被吸收到党组织中来，党委领导到公司管理层兼职……在李世江的感召和带动下，多氟多员工爱企业、做主人已成风尚。

李世江热衷于公益事业，努力践行"穷则独善其身，达则兼济天下"的传统美德。他本是穷苦出身，自小生活艰辛，深知"没有共产党就没有新中国"，因此有所成就后不曾忘记自己从哪里来，一直不忘社会责任，从未停止热心公益的脚步。在他的极力倡导下，多氟多捐赠500万元，和中华思源工程扶贫基金会合作成立"思源·新能源公益基金"，旨在帮助致力于新能源事业而家境贫困的寒门学子，先后资助26名贫困大学生共计13万元；拨付资金于中南大学、郑州大学、河南理工大学设立思源奖学金，每年资助15万元，帮助30名贫困大学生完成学业；发挥中原文化优势，举办公益书学堂培训，资助中西部15个省份的116名群众，以文化扶贫的方式帮助和带动中西部群众脱贫致富。在他的主持下，多氟多与位于山区的焦作市中站区龙翔街道龙洞村结成对子，先后出资200余万元解决群众住房难、出行难、吃水难、脱贫难问题，出资50万元修建校舍，出资90万元解决贫困家庭子女上学难问题……这一系列爱心行动，既是"多氟多责任"的生动诠释，更是李世江"兼济天下"的人生善意。

"毕我一生，以报党恩"，共产党员李世江做到了。2021年，李世江荣获"全国优秀党务工作者"荣誉称号，是他毕生牢记党恩、报答党恩的必然结果。

第四章

李世江的周围：他不是一个人在战斗

从一个懵懂少年到一位矍铄长者，从一名解放军战士到一位企业董事长，李世江一路耕耘，一路前行，一路付出，一路收获。他为多氟多，为中国氟化工，为我国的科技创新，以及我们的社会，都做出了重要贡献。然而，他并非一个人在战斗，众人拾柴火焰高，在他的周围，簇拥了一大批为多氟多奔走，为中国氟化工奉献，为我国的科技创新和社会发展贡献力量的人才，他们响应李世江的感召，成就了多氟多，也成就了自己。

第一节
李云峰——上阵父子兵

打虎亲兄弟，上阵父子兵。作为李世江之子，李云峰鲜有媒体报道，相比其父，明显"低调"许多。出生于1980年的李云峰，大学读的是哲学专业，成为记者是他的职业目标，不想因缘际会，成为多氟多最早的大学生业务员，多年以后，他已是高级经济师、高级工程师，多氟多董事、总经理。

一、从文艺青年到金牌业务员，他的成长是有目共睹的

儿时，父亲李世江忙于工作，无暇顾及家庭，李云峰几与留守儿童无异。"那时厂长工资低，也没能力举家搬迁到焦作市，只能把我留在老家温县。"李云峰说。缺少父亲耳提面命，李云峰性格内向，但是极为自律，18岁那年高分考取吉林大学哲学系。大学时期，可能是他生命中最为自由惬意的岁月。他自诩文艺青年，爱好写诗，不时发表文章。2002年，李云峰大学毕业，面临择业问题。当时，辽宁电视台到吉林大学招聘记者，仅有一男一女两个名额，李云峰通过层层选拔夺得唯一机会。然而，就当他满怀憧憬，即将前往辽宁电视台报到时，李世江打来电话，"回家帮忙"。那次，李世江召回李云峰，本意可不是接班，那

第四章　李世江的周围：他不是一个人在战斗

时多氟多成立不久，仍在为生存搏斗。李云峰说："没钱，招不到大学生，我成了企业第一个毕业于重点大学的员工。"思索再三，虽然有些不情愿，但李云峰毅然响应父亲的号召，"我的第一份工作是外贸翻译，别人说你是重点大学的，英语肯定不错，就先当翻译吧。"从此，李云峰与自己梦想中的新闻记者渐行渐远，他成了多氟多第一个重点大学毕业的业务员。

2003年，分管人力资源的李云峰为了更快适应多氟多的发展，一边工作一边刻苦学习，于2007年考取了中国人民大学的研究生……

开始战略调整后，在李世江的力主下，六氟磷酸锂项目进入多氟多的视野，李云峰担任项目组组长。李云峰同样对日本企业垄断六氟磷酸锂、对中企态度傲慢的情景记忆犹新，"拥有垄断技术的日本企业很强势，货没给先打钱，如果不打钱，连号都排不上。"他至今记得，当时中国不少企业进口六氟磷酸锂前，先要打听日本企业负责人的喜好，带着重礼去拜访……经过两年多的科研攻关，六氟磷酸锂生产技术终于被多氟多拿下。不过，作为"新生事物"，国内企业刚开始时并不买账，很多人并不相信多氟多有实力搞出如此高精尖的产品。为此，最为了解产品性能的李云峰独自南下广州，带着样品当起了推销员。"销售员是按业绩提成，这东西市场前景未测，没有销售员愿意跑，我对项目熟悉，只能自己上。"李云峰说。生性内向的他，第一次冲在最前面，难免心生茫然，对此他并不讳言。他说："想要卖出去求人，卖不出去丢人。当时甚至连用量几吨的小客户，我都能把他的地址背得滚瓜烂熟。"得益于这份坚持和执着，加之多氟多生产的六氟磷酸锂的优异品质，李云峰摇身一变成为多氟多最早的金牌业务员。

二、从转型到接班，父亲的影响是潜移默化的

2010年，多氟多重启IPO之路并顺利圆梦，引起业界轰动。当多氟多上下都沉浸在成功的喜悦之中时，李云峰和他的父亲李世江并没有因此得意忘形，他们依然关注着市场上的风吹草动。父子二人都意识到，IPO只是多氟多发展战略的一个部分，远不是全部。当时，他们都敏锐地捕捉到新能源即将火爆的气息，而六氟磷酸锂的背后正是新能源产业，他们决定转战新能源。此后，多氟多创办电池厂、收购有资质的电动汽车厂……拉开了进军新能源的大幕。

李世江对李云峰的影响显然不限于此。在父亲的耳濡目染下，李云峰也始终认为："多氟多听党话、跟党走、讲正气、走正道，我们的每次重大决策、每项重大突破、每次跨越发展，都是在学习党的方针政策当中获得的灵感和机遇。"他认为，多氟多的营业收入想要实现从百亿向千亿的跨越，必须和国家战略同频，必须与时代发展同向，始终冲在时代最前沿，为坚决打赢关键核心技术攻坚战贡献多氟多的一份力量，以科技创新实现产业报国的梦想。在谈到一路走来的坎坷历程时，李云峰说："支撑我坚持下来的，是产业报国的使命和担当，为国奉献对我来说，就是要承担攻关'卡脖子'技术难题，把企业的命运和国家的命运紧紧联系在一起。"

将产品做好，把企业做强，以产业报国，为祖国奉献，这是李云峰一直以来坚持不懈的信念。同时，他也没有忘记为国分忧、倾听民意、关注民生、回报社会。他带头加入中华骨髓库，带领1000多同事组建了造血干细胞捐献志愿服务队，其中有16人成功捐献造血干细胞。2021年7月河南暴雨成灾，他和多氟多

人捐赠 300 万元现金和 200 万元物资……

回首入职多氟多 20 多年的风风雨雨，可以说，多氟多的每一次重大转型，每一次重大进步，背后都留下了李云峰的身影。在父亲李世江的刻意培养下，不论在业务上、领导能力上、政治思想上，李云峰都取得了长足进步，日臻成熟，他先后入选河南省第十三届人大代表、河南省第十四届人大代表，荣获国家科技进步二等奖以及"河南省杰出民营企业家"等荣誉称号，已然成为父亲的左膀右臂，接掌多氟多已是顺理成章之事。关于新老接班的过渡问题，李云峰并未感到丝毫压力，"现在企业内部的管理层都是一起奋斗的战友，彼此了解，彼此信任……"

第二节
闫春生——从技术员到"金字招牌"

闫春生现任多氟多新材料股份有限公司总工程师，2016年荣获全国五一劳动奖章，2020年被河南省总工会、河南省人力资源和社会保障厅命名为第四届"中原大工匠"，2021年被人力资源和社会保障部授予"全国技术能手"称号。自2001年入职多氟多以来，闫春生从技术员做起，逐渐成长为多氟多的"金字招牌"。

20多年来，闫春生秉持"在劳动中发掘真知，提高中国制造水平，让中国制造在世界舞台上扬眉吐气"的坚定信念，发扬工匠精神和劳模精神，历任研究所技术员、锂盐车间主任、三分厂和四分厂厂长、品质部部长、总经理助理、总工程师等职，凭借扎实的专业知识，在岗位上砥砺青春，在产线上淬炼成才，成为行业典范、全国标兵。他带领技术骨干完成了高纯晶体六氟磷酸锂、电子级氢氟酸、高纯氟化锂、双乙二酸硼酸锂、双氟磺酰亚胺锂等诸多电子级化工产品的生产工艺，并全部实现产业化，为国家的新能源事业做出了突出贡献。

一、临危受命，不负重托

咬定青山不放松。随着我国将新能源汽车产业发展上升为国

第四章　李世江的周围：他不是一个人在战斗

家战略，锂离子电池作为制约新能源汽车发展的瓶颈日益凸显。锂离子电池的核心材料是六氟磷酸锂，它被称为"锂电之心"。2006年以前，我国的六氟磷酸锂全部依靠进口，每吨售价高达100万元，核心技术被日本、韩国企业垄断。当时，李世江与日本企业谈合作，对方连参观都不允许；谈购买技术，日本企业狮子大张口——一套生产线50亿元！日本企业同时傲慢地表示：这样高精尖的产品，中国人根本生产不出来！日本人的言行激发了李世江的军人血性，浓浓的家国情怀让他当即决定：不管遇到多少困难、付出多大代价，多氟多一定要把六氟磷酸锂生产出来，还要干到最好！

2006年，闫春生受命组建六氟磷酸锂研发团队。搞科研开发，必须吃苦耐劳，对此他早有心理准备。让他感到锥心之痛的是外界的嘲笑和异样的眼光，没人相信，焦作这座小小的内地城市能够研制出六氟磷酸锂这种世界领先的高端产品。闫春生不信邪，他要为自己争口气，为多氟多争口气，也给焦作、给河南、给祖国争口气。此后数百个日日夜夜，他带领团队成员不断探索、反复研究、多次实验，失败不计其数。但是他并没有被击倒，在没有任何借鉴的情况下，他里里外外事必躬亲，前前后后亲力亲为，对自己、对团队，皆以高精尖的标准严格要求。

化学实验，危险如影随形。制造六氟磷酸锂的原材料具有强腐蚀性，且有剧毒，实验一旦失败，器皿随时都会爆炸。一次实验失败，爆破物顺着特别设置的散热口喷射而出，瞬间，高温强腐蚀的无水氟化氢直接喷了他和团队成员一身，要不是他们反应快，第一时间脱掉烧毁的防辐射服，后果不堪设想！

2008年的一天，闫春生像往常每次实验一样，将从实验中提存的晶体放到化验台上，经过一段时间的煎熬等待后，数据出来了——含水量合格，纯度合格……当一项项数据指标都达到梦寐以求的目标时，整个实验室沸腾了，闫春生的眼眶湿润了。两年多、800多个日夜的坚守，上千次的实验，终于成功了，闫春生和他的团队终于成功制造了2克六氟磷酸锂。

二、精益求精，突破自我

唯有创新不可辜负。制造2克六氟磷酸锂只是成功之路的第一步，唯有脚踏实地、一步一个脚印地攀登，才能驱散成功之路上弥漫的硝烟，登上成功之巅。

2009年，200吨中试刚刚通过验收，日本企业为了逼迫多氟多退出六氟磷酸锂市场，将价格一降再降，直逼成本线。生死存亡关头，闫春生在李世江和全体多氟多人的支持下，带领团队迎难而上，进一步改进生产工艺。他带领创新小组攻克多项关键技术难题，首创工业无水氢氟酸等新型原料路线，在成套工艺技术、原材料纯化、专用装备开发、废弃物梯级高效利用等方面实现全面突破：2012年的应用设备改革实施新型搅拌装置、2013年的优化技改实施R101加酸方式、2014年的提升产量实施六氟磷酸锂优化工艺等，主要原材料无水氢氟酸、氟化锂等全部实现自产，大大降低了六氟磷酸锂的生产成本。2015年，闫春生提出实施六氟磷酸锂增产提效创新项目，产量突破720吨，节约成本840万元，增加销售额1.3亿元。至此，多氟多的六氟磷酸锂完全替代进口，击败了日本企业挑起的价格战。

经过多年创新，多氟多六氟磷酸锂的产量、质量都做到了世界第一，产品国内市场占有率达35%，并出口到日本和韩国，全球市场占有率达20%；项目产业化入选国家"863计划"，国家发展改革委将之列为 2012 年战略性新兴产业专项；2015 年，"六氟磷酸锂关键技术开发及应用"科技成果获得中国石油和化学工业联合会科技进步一等奖；2016 年，登上国家最高领奖台，荣获"国家科技进步二等奖"……闫春生带领团队，顶着巨大压力，卧薪尝胆，最终将六氟磷酸锂技术收入囊中，挺起了民族工业的脊梁。

2017 年，多氟多成立闫春生技能大师工作室；2018 年，河南省授予"闫春生化工技能大师工作室"荣誉称号。在闫春生的带领下，工作室先后完成六氟磷酸锂提质降耗、提纯工艺优化、热能综合利用、干燥系统优化等"小改小革"120 余项，累计创造销售收入超 10 亿元；至 2019 年，先后培养高级技师 8 人，技师及高级工 156 人，培训员工 6000 余人次，充分发挥了技能大师等高技能人才的示范带动作用，为多氟多高技能人才培养打下了良好基础。

谈到创新，闫春生有自己的心得体会：创新，就是把没干过的事想办法做好。他从技术员起步，不断摸索，持续改进，以一个又一个小小的成功，逐渐增强信心，凝聚前进动力，最终汇聚为成功的大河。期间，是创新使研发的脚步走得更快更稳，使六氟磷酸锂实验的阶段性成果越来越接近目标。同样，是创新持续优化六氟磷酸锂生产工艺，朝着投入少、效益高的目标小步快跑。李世江告诉闫春生："生产也要有市场化的思维。"他深以为然，当创新与客户需求融为一体，创新链、市场链和价值链也将同步提升。闫春生带领团队，凭借创新将六氟磷酸锂做到"白菜价"，使更多的企业用上了多氟多生产的优质六氟磷酸锂，推动了新能源产业的蓬勃发展；还是创新，开发新的电解质，提升核心竞争力，从制造向综合服务转变，在变中取胜，超越自我。

如今的闫春生,已是多氟多的一块"金字招牌"。多氟多要在技术创新的道路上走得更远,需要闫春生这块"金字招牌",需要更多像闫春生一样的"金字招牌",才能创造新的奇迹。

第三节
李莹——"在多氟多的历史上留下李莹的名字"

2010年4月,年仅22岁的李莹从一家房地产公司来到多氟多,她从前台服务做起,逐渐成长为国内六氟磷酸锂营销专家,实现了一次华丽的转身。她是如何成长起来的?是什么力量促成这一切的?回答这些问题,还得从李莹的经历说起。

一、敢于挑战自我,这是李莹的性格

李莹认为自己是一个不安于现状、能吃苦耐劳的人。她说:"做销售就要能够忍受常人不能忍受的责难、指责,从客户喋喋不休的批评中找到自己的不足。"她这句话可谓道出了营销的真谛。

2010年,多氟多六氟磷酸锂实现产业化,开拓市场成为重中之重。摸着六氟磷酸锂那精致的包装桶,李莹有一种摸着黄金的感觉。当时,六氟磷酸锂价格昂贵,不是现在所能想象的。当然,多氟多的六氟磷酸锂从不为人知到走向市场,难度可想而知。由于一切都要从头开始,因此当时没有一家企业认可,更没有一家企业敢用。当李莹背着样品一家一家地登门拜访,请他们免费试用时,经常遭到对方毫无理由的拒绝,同时必须忍受

各种各样刺耳的"声音"。为了开拓市场，不少企业自创建开始，李莹就一直跟进，直到他们用上多氟多的六氟磷酸锂，历时往往长达1～2年。"有的大企业甚至跟进了10年，才终于合作成功。"李莹说。这份矢志不渝的坚守就是她开拓市场的成功秘诀。

李莹善于从客户的指责中找到产品的不足，她认为，是客户更新了她对产品的认知，是客户帮助多氟多提升了产品的品质，她也借此不断提升对"精致"的理解。正因为李莹总是将客户的唠叨当成学习的机会，她给客户留下了良好的口碑。为了取得产品质量试用结果的第一手资料，李莹坚持将送给客户的每一桶样品都亲自护送到生产线，每一道工序都亲自跟进，直至试用结果信息反馈出来，与客户共同分析，取得一致意见后，她才带着样品桶返回多氟多。

开拓客户难，维护客户更难，保持一个长期客户难上加难。对于李莹来说，只要收到客户的质量投诉8D报告，哪怕只是一个疑问，都是李莹收到的再出发的"命令"。李莹为了维护好每一个客户，即便面对客户最为刁钻的提问，她都不厌其烦，认真解答。所谓"客户虐我千万遍，我对客户如初恋"，大概就是如此。有时，受到莫名其妙的委屈，李莹也想跟对方大干一场。突然，一个客户电话进来："1000万回款给你打过去了！"顿时，李莹心中的阴霾烟消云散，心里乐开了花。

2017年，六氟磷酸锂市场出现断崖式下滑，李莹积极发挥自己的优势，不断开拓新客户，一年之内成功开发10个新用户。新冠肺炎疫情期间，多氟多步入艰难时刻，李莹一刻也不敢放松，常年奔波在外。曾有一次，她一个月连续出差27天，从深圳到东北，再沿海南下，接连走访了18座城市，平均下来，不到两天走访一座城市。谈起这些，李莹显得非常平静，"我属兔的，我有野兔的性格，喜欢撒了欢地跑……"

二、遇到职场贵人，李莹满怀感恩

李云峰便是李莹的职场贵人。谈起李云峰，李莹对他最大的印象是大度、谦逊，为了业务，他可以放下一切架子。其实，这也是业界对于李云峰的客观评价。李云峰曾说："客户永远是上帝，永远都要维护客户。出去之前要把自己的脸装兜里。'老大'不是自己吹出来的，是客户说出来的。销售不能走捷径，不做锦上添花的事，要做雪中送炭的事。"

一次，李莹陪同李云峰参加一项重要业务的谈判，由于时间太过紧张，他们一整天都没顾得上吃上一顿饭。虽然谈判非常顺利，结果也令人满意，但是李莹仍然感到自责。李云峰幽默地说，"就当减肥了。"在李莹看来，李云峰的亲和力及其在行业里的影响力，使她对多氟多的事业更有信心、更有底气。每次聊到此处，李莹心中总是充满感激之情。

对于自己的事业，李莹是自豪的。她的女儿在幼儿园里总跟小朋友们炫耀，"妈妈卖的产品叫六氟磷酸锂，卖得可好了！还有更好的产品也要卖……"

李云峰曾说："多氟多给了大家优秀的平台和机遇，在这里我们学习成长，报效了国家，成就了自己。征途漫漫，世界、未来，多氟多人来了！"这话是说给整个销售团队听的，更是萦绕在李莹的心中。她说："多氟多打造千亿级新材料产业园，我们有信心。多氟多人没有做不了的事，我们背后有强大的平台，我们要做让民族骄傲的企业，把我们阳光灿烂的一面，留给更多的多氟多人，让多氟多持续注入新的希望。我们正在成为你就是你想成为的那个人。"她对多氟多的未来充满信心，由此可见一斑。

　　当初，李莹奔着"在多氟多的历史上留下李莹的名字"这句话的魅力而来。如今，她在六氟磷酸锂市场上开疆拓土，不断创造奇迹，并以这些奇迹背后留下的有关她的印记，证明了她不虚此言。

第四节
李芳——中国六氟磷酸锂出口第一人

毕业于四川外国语大学的李芳可谓名副其实的高才生，她毕业后先后于上海、深圳、北京等地工作，2011年，阴差阳错来到多氟多，从此扎根于此，成为多氟多营销战线上一个标志性人物。

一、"我是全中国六氟磷酸锂出口第一人"

从一线大城市到四五线小城市，初来乍到的李芳颇有上当受骗的感觉，当时多氟多老旧的办公楼、简陋的工作环境，都与大城市相距甚远。李云峰对于这位新招的下属说："你能把六氟磷酸锂卖到国外，你就是全中国第一人！"

冲着这句话，李芳看到了自己顶头上司的格局与胸襟。既来之，则安之，她决定留下。当时，多氟多的六氟磷酸锂生产已经实现产业化，国内市场刚刚起步，李云峰正在提前布局国际市场，李芳因为她的专业特点而被招聘进来，也因这一点而得到重用。

第一个外贸订单来自韩国的LG公司。刚开始时，多氟多的价格优势、质量优势并没有彻底打动LG公司，李芳陪着客户抽了一个下午的香烟，不厌其烦地面对客户提出的各种质疑，对所有疑问都对答如流。回国的第二天，她就收到了订单。李芳说，那是她第一次吸烟，而且吸了那么多……李芳至今无法忘怀收到LG公司订单后的激动心情。"我的目标实现了！多氟多是第一家出口六氟磷酸锂的企业，海关登记了六氟磷酸锂的出口编码，证明了我是全中国六氟磷酸锂出口第一人！"李芳难以掩饰心中的自豪。

初战告捷之后，多氟多将目光转向日本市场。当时，韩国企业以质量要求严格而著称，日本企业则更胜一筹。刚开始时，日本企业对于中国企业有一种发自内心的排斥，根本不相信中国企业尤其是多氟多这样一个不知名的小企业能够生产出高品质的六氟磷酸锂。此时，榜样的力量发挥了重要作用，韩国LG公司采购多氟多的六氟磷酸锂并成功用于开发新产品，使日本企业的固有想法发生了动摇。不久，日本企业派出代表来到多氟多参观，这是一次重大转变。在与日本企业接触的过程中，李芳感受到了日本企业做事时对细节的极致追求，不禁肃然起敬。"外包装桶用塑料布缠绕，不仅是包裹一下还要看到均匀的一层一层的波纹。"李芳举例说。

日本企业的做事态度，不仅触动了李芳，也给多氟多带来了积极的影响，多氟多的六氟磷酸锂走向国际市场，日本企业的影响不容忽视。日本三菱化学公司审厂期间，李芳和多氟多人深切地感受到了"极致"的内涵。当时，为了达到审厂所需标准，不给日本客户留下遗憾，李云峰多次主持召开筹备会，从接待司机的着装、举止、言行，卫生间的清洁，到现场参观的每一个细节，以至咖啡品牌、每道菜肴都精挑细选，可谓开创了多氟多接待史上的新篇章。周到细致的接待流程，近乎极致的接待服务，让日本客户出乎意料，甚至感到震惊。当然，这只是打动日本客户的开始。随后一年，三菱化学公司三次来到多氟多，审核一次比一次严格，终于在2年后正式开始合作。其实，多氟多开拓国际市场之初，不仅大费周章，而且利润不大，对此李芳刚开始时并不十分理解。此后数年，多氟多的六氟磷酸锂开始在国际市场上大行其道，并逐渐牢牢占据行业优势，李芳这才真正明白了李世江和李云峰的战略眼光和战略部署，由衷地感到佩服。"领导的战略眼光和战略部署，到今天的国际市场布局，我们才有了新的认识。"经过十几年的外贸市场打拼，李芳得以站在全球视野看待多氟多的战略布局和规划，从内心深处佩服李世江和李云峰的高瞻远瞩和战略谋划。

二、"我把自己干失业了"

"我把自己干失业了！"李芳一度这般自嘲。

随着多氟多在国内和国外两大市场的产业布局全面完成，六氟磷酸锂开始供不应求，供销两旺的局面很快形成，订单甚至一度排到一年之后，李芳的销售压力陡降，相比此前忙得不可开交，此时可谓"无所事事"。在成立外贸部后，李芳作为负责人开始带领团队，"销售压力不是很大，如何配合公司未来发展战略，做好对外贸市场的谋篇布局，也给我们的外贸团队提出了新的更高的要求"。

李芳深知，与下游客户绑定越紧，合作空间就越大。为了规避风险，必须从源头着手。多氟多在走出去的过程中，必然要接受国际市场更大风浪的洗礼，只有敢于搏击，勇于面对挑战，才能赢得更大的发展机遇。要想成为让客户放心的供应商，多氟多还有很长一段路要走。随着锂电池整套生产线技术输出国外，多氟多走出一条从卖产品到卖技术的创新路径。对于李芳来说，她和她的团队需要探索更多的商业模式，为多氟多的发展贡献更大力量。她相信，多氟多在新能源领域、在国际化的道路上会走得更加稳健、更加长远。

当初，李芳是因为李云峰的激励而留下，多年之后，她对于李云峰的感激之情溢于言表。谈到李云峰时，她不假思索地说："（他）风格独特，思维跳跃，对市场的把控力度和运作能力，让我们叹为观止！"对李云峰注重学习，认为健康是做好工作的前提、是事业的保障，希望打造一个快乐学习、活力四射的优秀团队的观点，李芳也是极为认可。

李芳对李世江同样敬佩之至。一次在给李世江汇报工作，谈了自己的想法和目标，受到肯定后，她的自豪感和归属感油然而生。"董事长和蔼可亲、温暖如春的话语让我感激不尽。我也陪同董事长出国，17个小时跨越太平洋飞行，不顾旅途劳顿参观交流，与客户互动，我们年轻人都有点吃不消，董事长却始终神采奕奕，微笑着鼓励大家，不愧是我们的精神领袖！"说到李世江时，李芳的脸上洋溢着幸福、自信的微笑。

中国六氟磷酸锂出口第一人，李芳做到了。她知道，这背后是多氟多给予的机会，离不开李云峰的支持，少不了李世江的关怀，她为自己身为多氟多人而感到自豪。

"能用众力，则无敌于天下；能用众智，则无畏于圣人"，《三国志》里孙权有这么一句名言。在三十多年创业的过程中，李世江精彩诠释了用好"众力"与"众智"的高超的人格魅力和卓越的领导艺术。

在焦作这么一个四线城市，要想把外面人才吸引过来是很不容易的，李世江就立足于自己培养、内部发掘，多氟多已有的高管团队、技术骨干绝大部分是本地人才。当然，随着多氟多事业的蒸蒸日上、布局版图的全国化和全球化，高精尖人才也不断加入进来，为多氟多进一步发展奠定了坚实的基础。

第二部分 氟谷之光 经营管理谋发展

　　一个人可以走得很快，一个团队才能走得更远，一个经营管理良好的团队才能走得又快又远。微软创始人比尔·盖茨说过"大成功靠团队，小成功靠个人"。那么，如何管理好团队？如何创造出适合自己企业的经营管理模式？军人出身的李世江经过几十年的摸爬滚打、探索实践、风雨彩虹，带领多氟多走出一条属于自己的成功发展之路。

第五章

管理：企业勇往直前的"方向盘"

第一节
管理创新不止，转型升级不息

2008年金融危机结束之后，世界经济开始复苏，市场环境有所好转，但是金融危机导致的负面影响远未消除，大宗原材料价格走高，通货膨胀明显加大，经济发展存在诸多不确定因素。后金融危机时代，无机氟化工行业进入漫长的产能过剩、激烈竞争、以比拼成本为标志的微利时代，进入新一轮结构调整、产业升级、行业洗牌的关键时期。多氟多顶住多重压力，在2010年以上市为契机，以结构调整、产业升级为主线，以锂电项目研发和建设为重点，坚持技术创新和管理创新，进一步转变经济发展方式，充分利用公司内外部有利条件，巩固优势，整合资源，有序扩张，科学发展；着力提高企业运行质量和经济效益，加大对生产、生活软硬件的改善，为员工创造更加温馨、舒适的工作生活环境，把多氟多打造成一个富有社会责任感的价值型企业。

2010年5月，多氟多股票在深圳中小企业板上市，标志着多氟多进入新的层次，迈上新的台阶，对多氟多未来发展具有划时代、里程碑的意义。这一成就得益于"**围绕一个目标，明确三个方向，做到三个注重，坚持四个原则，实现五个转变**"的工作思路。

著名演讲家博恩·崔西说过"要达成伟大的成就，最重要的在于确定你的目标，然后开始干，采取行动，朝着目标前进"。李世江提出目标，从来都要求要有具体的行动方案。

"围绕一个目标"，即确保多氟多于2010年上半年成功上市，将多氟多建设成为全国技术工艺领先、生产规模最大的无机氟化工生产企业和河南省氟化工产业最具竞争力的企业。在此基础上，中远期目标是把多氟多公司建成一个现代化、新型化、大型化、国际化，具有世界一流水平的综合性无机氟化学企业集团，成为中国民族氟化工的骄傲。

"明确三个方向"，一是围绕循环经济实现高性能氟化盐高效化，巩固在国内外同行业中的领先地位；二是大力开发精细氟化工产品，加强自主创新，实现电子级氟化物高质化；三是以氟为媒介实现硅系列产品高端化，加强消化、吸收再创新，实现锂电产品产业化，锂离子电池材料、光伏产业材料取得新突破。

"做到三个注重"，一是更加注重技术进步和创新，加大科技研发投入，拟建设国家无机氟化学工程研究中心和锂电研究所；二是注重结构调整、产业升级，形成以锂电项目为代表新的产业优势，培育新的经济增长点；三是更加注重人才培养和引进，创造条件吸引人才，舍得投入培养人才，放开手脚使用人才。

"坚持四个原则"，一是坚持技术进步和自主创新，建设技术创新型企业；二是坚持走资源节约型、环境友好型发展之路，大力发展循环经济，降低生产成本；三是坚持以人为本，加强企业文化建设和人文关怀，构建和谐企业；四是建设富有社会责任感的价值型企业。

"实现五个转变"，一是转变经济发展方式，以自动化、信息化带动现代工业化，创新公司管理体制和运营机制，加快产品结构调整和新产品研发，提高经济运行质量和效益；二是实施产业升级和经济转型，完成由机会市场向能力市场转变，从规模增长向价值增长的转变，建立企业可持续增长战略和新的盈利模式，增强企业驾驭和抵抗市场风险的能力；三是融资由单一依靠银行逐步向资本市场和资本经营转变，多元经营，加快发展，做强做大，搭建更好、更大的融资平台；四是由产品经营逐步向品牌经营转变，坚持实施产品差异化和国际化发展战略，争创中国名牌产品，打造中国无机氟化盐第一品牌；五是由单一无机氟化工生产逐步向上下游延伸多种经营转变，拉伸产业链条。

当然，企业转型绝非一蹴而就，必然经历一个漫长的过程，任何工作思路也必然在这一漫长过程中不断完善、提升，而这一过程的关键便是创新。技术创新是企业转型升级的主要驱动力，与之配套的管理创新则起引领作用，企业转型升级实际上是技术创新的驱动力和管理创新的引领力共同作用的结果。

技术创新方面，多氟多硕果累累。多氟多主持制定氢氟酸、无水氟化氢、氟化氢铵等 12 项国家标准，受国际标准化组织的委托，承担国际标准的制定和修订工作；国家氟硅协会委托多氟多进行氟化工行业准入条件的调研及制定，参与调研起草氟化工"十二五"规划；多氟多创新管理成果获得第十六届全国企业管理现代化创新成果一等奖，是河南省唯一获得一等奖的企业。以技术创新为导向的自主创新管理，是多氟多的管理特色，它标志着多氟多自主创新管理走在全国、全省工业企业的前列，多氟多的技术领先和行业地位上升到一个新高度。

管理创新方面，多氟多同样可圈可点。一是管理机制创新，在扩大企业规模的同时，消除官僚化的侵蚀，提高决策效率和企业经营效率，提升管理决策的准确性和有效度等；二是资源利用创新，加强资源调配与组合，建设一个信息随需随取、知识随需随学、交易随时可做的资源化企业，实现外部知识内部化、内部知识个体化、个体知识组织化、组织知识资产化，将隐性知识显性化，真正实现资源共享、优势互补、良性互动；三是行为方式创新，即推动企业生产、经营方式、商业模式的创新，迎合时代发展需要，把握社会发展规律，实现转型升级。

在全体员工共同努力之下，多氟多创新没有止步，不断优化结构，引领转型发展，助推转型升级。2010年，多氟多以卓有成效的行动证明，凝聚正能量，转型有力量。念念不忘，必有回响；山谷雷鸣，音传千里。多氟多人2010年所做的所有努力，为多氟多此后的进步与发展夯实了牢不可破的基础，时代为之做出了响亮的回应。

第二节
凝聚正能量，转型有力量

2012年，是多氟多发展历史上非常重要的一年。这一年，多氟多人齐心协力，凝聚正能量，逆境谋发展，创新促转型，行业影响力、核心竞争力得到提升。

推进资产重组和资源整合，提升行业影响力。2012年，多氟多调整氟化盐产业布局，冰晶石向云南转移并产生经济效益；成功并购白银中天新建无水氟化铝项目；中国无机盐工业协会无机氟化物分会成立，多氟多总经理侯红军任副会长、专家组组长，总经理助理谷正彦任秘书长；参与编撰《氟化工通史》，创办《无机氟》杂志。多氟多在担当中谋求行业发展大平台。

笃力技术创新，提升核心竞争力。2012年，六氟磷酸锂成功走向市场，月销售量突破百吨；六氟磷酸锂项目被列为"国家战略性新兴产业专项"和"863计划"；完善专利预警平台，收集近40万条专利文献，缩短研发时间，激发二次创新，保护知识产权；膜材料中试效果显著，市场前景看好；加快含氟精细化学品研发，强化锂电池、光电产品市场开发工作，取得初步进展。

各项活动不遗余力，企业凝聚力增强。员工提出704条合理化建议，涵盖企业决策、风险掌控、投资方向、成本控制等方面，为企业献计献策；与企业共御经济寒冬，增强企业活力、提高管理水平；积极参加中站区职工技能大赛；后勤市场化成效显著，棚户区改造完成，为数百个职工家庭提供舒适、喜欢的住所；开展信息化建设、爱心一日捐、爱心敬老、中国好人榜、爱心送考、金秋助学、结对福利院等活动，多氟多人踊跃参与，甘做无名英雄。

各级领导关爱，增强企业信心。中共中央政治局委员、全国人大常委会副委员长、中华全国总工会主席王兆国，全国政协副主席、科技部部长万钢，河南省委书记卢展工以及省长郭庚茂等领导莅临多氟多视察指导工作，给予多氟多人巨大的关怀和鼓舞。

2012年，多氟多站在新的起点，面对复杂多变的国际、国内环境，多氟多人坚持解放思想，凝聚正能量，克难攻坚，创新发展战略，全面实现企业转型升级。

（1）抓好四个转变。

第一是产业转变，即从传统氟化工向新能源转变，次年新能源在销售收入上有所突破；第二是模式转变，即从生产制造型企业向服务制造型企业转变，做到懂生产、懂技术、懂营销，做生意人、念生意经、发生意财，迎接代工时代的到来；第三是结构转变，即从传统氟化工向精细氟化工转变，精细氟化工的销售收入要占到整体销售收入的30%以上；第四是方式转变，即从重产量、重规模向重质量、重效益转变，力争新产品平均毛利率达到40%以上。完成四个转变，多氟多的创新能力、市场能力和资源整合能力有了质的提升。

（2）凝聚正能量，增强企业自我修复和完善能力。

改变思维方式，与时俱进，适应时代发展；做到开放、包容、关爱、愉悦、高效、求同存异，创造积极向上的企业文化氛围和良好的工作环境；提倡高效沟通，对内鼓励平等交流，学习马斯洛需求层次论，懂得尊重人、激励人，充分调动员工积极性；对外学会与高手对话，同高手过招；做好标准化、职业化和人性化的平衡；注重科学决策、科学管理，约束硬投资，加大软投资，使企业步入规范化、科学化发展道路。

（3）强化企业干部管理。

中层干部是企业的脊梁，通过干部培训，严格激励、奖惩措施，做到知人善任，各尽所能，人尽其才；把以经济效益为中心记在心上，落实在行动上，管好家、理好财，做到预算紧、审查严，充分发挥现有资金优势；培育具有大局意识和专业能力、传递正能量的干部队伍，把分公司、子公司培育成多氟多新的经济增长点。

（4）创造条件，搭建平台。

注重内部培养和重点培养，让各类人才在实践中锻炼、在岗位中成长，使想干事、能干事、能干成事的人有创业机会、有用武之地、有发展空间；建设学习型企业，打造人才梯队，提高各级管理团队驾驭复杂局面、承担艰巨任务的能力；制定吸引、用好、留住人才的优惠政策和制度，让院士、博士等成为多氟多的常客，成为多氟多发展的不竭动力；筹建多氟多博士工作站和院士工作站，形成人才促进发展、发展吸引人才的良性循环。

（5）制订个人成长计划。

多氟多人努力提高自身素质，主动适应企业发展需要。多氟多不仅为社会提供产品，而且向社会提供更全面的体系服务，传递充满正能量的精神财富，成为一个受尊敬的企业。职工调整好心态，尊重经济发展规律，跟上时代的节拍；企业营造积极向上、沟通开放、充满希望的企业氛围。在转型升级中，多氟多人快乐工作，同企业一起实现人生理想。

多氟多深刻地认识到，只有寻找行业腾飞的大风口，才能抓住时代前进的大趋势；必须拥有宏观思维，顺势而为，才能取得大成就。多氟多人顺应时代和企业发展的趋势，同企业一起成长，才能实现自己的梦想。作为一个有活力、有创造力、有责任感的企业，多氟多有自己的梦——打造在河南有地位、在中国有影响的新能源企业，实现由氟化工向新能源产业转型升级。

逆水行舟，不进则退。人生要不断磨砺自己，才能适应社会发展的需要。企业只有创新不止，迎接挑战，才能在挑战中把握机遇，取得成功。

第三节
拥抱智能新时代，实现未来梦想

越奋斗越容易成功，多氟多的成功靠的是奋斗，多氟多的未来依然不能离开艰苦奋斗。一群奋斗的多氟多人，成就一个勇往直前的多氟多。 进入 2017 年，工业互联网成为科技创新的主战场，撸起袖子加油干，成为实干兴邦的主旋律，振兴实体经济，实现强国梦，成为多氟多人奋斗的目标。拥抱智能新时代，实现未来梦想，是多氟多坚持不懈的方向。

2017 年上半年，氟化盐事业部科学谋划、提前布局、并购重组，开始开花结果，焕发青春活力；锂电池事业部面对政策频调，苦练内功、提质增效，抢占市场先机；电子化学品事业部卧薪尝胆、利剑出鞘，站在行业高端，得到国家相关部门认可；新能源汽车事业部瞄准战略方向，整合优势资源，打造联盟平台，扬帆起航。四大事业部机制运营稳健，抓机遇、抢市场你追我赶，抓管理、搞技改新招频出，如四舰齐发，百舸争流，迎来发展新景象——氟化盐精神抖擞、焕发青春，电子化学品踌躇满志、拥抱青春，锂电池少年壮志、迎来青春，新能源汽车朝气蓬勃、进入青春期。这一切，令多氟多人思考良多。

一、跟随国家战略，汇聚巨大力量

员工利益、企业利益与国家利益、时代利益一致时，就会产生巨大的能量。

制造强国建设是时代赋予我们的历史使命。抓住振兴制造业特别是先进制造业，短期看是实现经济良性循环的关键，长期看是国家命脉。

"2017国家制造强国建设专家论坛"在北京隆重召开期间，李世江董事长代表多氟多有幸参加并与大飞机、大航母、高端芯片、小米、北汽的高层以及国家有关领导人同台演讲。如此庄严的时刻，多氟多能有如此位置，是因为多氟多的高纯晶体六氟磷酸锂关键制备技术和产业化项目作为国家强基工程，通过了工信部组织的专家现场验收，多氟多在新材料方面对国家所做的贡献得到了国家的肯定和认可，是因为多氟多为国家、为民族做到了别人做不到的事，代表了当代中国企业在新材料领域的最高水平。

企业发展方向与国家战略目标高度一致，就能汇聚巨大力量。多氟多在制造强国、智能制造和互联网方面主动融入，作为伟大的中华民族所有企业中的一员，当国家发出号召时，主动与祖国同频共振，为中华民族的腾飞贡献自己所有的力量。

同样，**个人发展目标和企业发展方向一致，就能凝心聚力，培养人才，他们为企业、为国家贡献力量。一个大项目，往往能够成就一批人才**。六氟磷酸锂申报国家科技进步奖，锂电池智能制造和新能源汽车产业园等一批重点项目上升为国家级项目，在此过程中，一批技术工人脱颖而出，成为国际氟化盐行业知名的专家。此外，多个国家级成果和省部级成果在多氟多铸就的融合开放的平台上落地生根，助力多氟多成长为制造基地。党建展厅吸引河南省内外党组织参观交流，更加坚定了多氟多在党的领导下为国家、为民族多做贡献的信心。

二、领会智能精髓，推动创新突破

用创新思维解决创新发展中的问题。多氟多全产业链以智能制造为核心。互联网、大数据和云计算构成了智能世界三大要素，其中互联网是生产关系，云计算是生产力，大数据是生产资料。大数据基于互联网联通，通过强大的计算能力，融入智能世界，构成时代的主旋律。智能制造的关键是具备学习能力，智能世界把人类的行为方式收集起来加以编程，指导人类变得更加聪明。多氟多大数据智能制造中心是多氟多变聪明的场所，是多氟多人学习提升的所在。

2017年6月，多氟多举行ERP（企业资源计划）实施启动誓师大会，这对公司产生了深远影响——与世界一流的SAP公司进行合作，引进最先进的ERP管理系统，并与国内最好的ERP实施单位密切配合，共同打造智慧企业。外部优质资源和多氟多进行能量交换，有助于多氟多持续保持旺盛的活力，不断超越自我、突破自我。

三、激发能力转换，打造活力引擎

给创新插个翅膀。科技创新突飞猛进，创新成果令人震撼。想要紧跟时代步伐，必须充分发挥活力，频繁交换能量，在互联网时代实现民族腾飞的伟大追求。互联网的平等是最大的平等，互联网自由是最大的自由。互联网把不可能变成可能，把可能变成现实。在多氟多，浓厚的民主管理氛围和平等的竞争环境，激发多氟多人持续爆发最大活力。

社会就是从简单到复杂、从复杂到简单不断演化的过程。积累到一定程度，就要简单化，用大道至简的思维看待世界、适应世界。多氟多研究氟、锂、硅三个元素，通过互联网思维，使氟化工进入新的世界，在一开一关、从 0 到 1 的转变中，尊重摩尔定律，激发个人能力，实现能量转换，让多氟多人变得越来越聪明，使简单和复杂零距离。

多氟多人既有巨大的活力，也有超越的能量和胸怀。企业转型发展，培养更多人才是多氟多的责任。申报国家科技进步奖，作为董事长的李世江，虽然他在六氟磷酸锂研发的过程中和技术人员一样倾注了诸多心血，但是他依然选择放弃，而将获奖机会留给更多的技术人员。多氟多大量的技术人员在技术创新的道路上快速成长，应该给他们更多更好的未来。在多氟多，包括李世江在内的所有领导班子成员和所有技术骨干都懂得分享，都懂得和大家分享多氟多创新发展的成果。

有分享更要有竞争。创新科学合理的薪酬体系，用合理的价值分配来撬动更大的价值创造，让劳动者获得更多的价值报酬，把最佳时间、最佳角色、最佳贡献匹配起来，才会激发多氟多人奋斗的活力。

多氟多以激情澎湃的创新基因和超越自我的管理理念，打造独具特色的新能源全产业链。面对转型升级、爬坡过坎的压力，外部激烈的市场竞争，互联网飞速发展的冲击，以及内部综合适应能力不匹配等问题，多氟多面临诸多巨大挑战。多氟多人没有回头路，勇往直前是唯一的选择。

第四节
革新思维，打造全产业链平台

2017年10月，中国共产党第十九次全国代表大会胜利召开，习近平总书记提出的治国理政方略在全球引起强烈共鸣，对我国各行各业产生深远影响。多氟多打造的新能源全产业链，与"一带一路"倡议、构建人类命运共同体一脉相承，即运用互联网思维，实现"以新材料体系为支撑、以新能源汽车为引领、以电动汽车动力总成为核心"的战略目标。

多氟多是一个具有互联网思维的企业，勇于追随时代的步伐，紧跟历史的潮流，按照国家大政方针的指引，不断革新思维。随着中国经济进入新时代，科技创新成为时代的主旋律，打造全产业链平台成了大家共同的愿望。多氟多正在从事的是一项伟大事业，这是新时代赋予多氟多的抉择，是国家战略赋予多氟多的担当，是互联网背景下的全产业链思维，体现了多氟多人为人类谋幸福的家国情怀。

思想，是思想让多氟多与众不同。多氟多也需要统一思想，统一对互联网、对产业链思维的认识。互联网为多氟多全产业链提供了一切可能。人类社会从碳基文明向硅基文明转变的过程，也是能源取得方式从燃烧碳转变为以硅为基础并通过半导体电子跃迁取得能量的过程。同时，人类的计算能力每18个月翻一番，计算成本每18个月降一半，这就是摩尔定律。社会发展在加速，太多的知识不断冲击人类社会，不管人们是否已经认识到这一点，一个新的时代业已到来，人们必须适应这个新时代。多氟多人也是如此。

新经济时代最重要的是新能源。新能源发展日新月异，能源变革正在全球酝酿，无论是能源的取得方式，还是能源的储存方式，以至能源的消耗方式，都在发生巨大变化。多氟多在智能制造的基础上，积极做好新能源，带动新能源产业链，迈向新能源汽车。从互联网到新能源，这一大的时代背景对多氟多人提出新的要求。多氟多从氟化工出发，打造向新能源进军的全产业链，这是一条以夯实产业基础、立足核心关键技术、贵在打造产业联盟平台、具有新时代思维的新能源全产业链。

多氟多的研发之路始于元素周期表中的氟。氟元素位于化学元素周期表的右上角，是最活泼的非金属元素，除个别惰性元素外，它可以和任何元素在常温下发生反应。在将氟元素研究透彻，使之老老实实为社会服务之后，多氟多的创新团队又将目光转向锂。锂位于元素周期表的左上角，是高能元素。锂不能"单兵作战"，它需要拉上氟"并肩作战"。锂元素和氟元素结合，锂电池的发展便有了方向。多氟多接着研究硅，硅的元素丰度在地球上处于第二位，属半导体元素，多氟多人成功地将硅制备成硅烷、单晶硅、多晶硅。氟锂结合，氟硅分家，一分一合之间，既体现出哲学思维，又盛开出科学花朵。

多氟多研究氟、锂、硅，其实是研究铝电解槽电池、锂离子电池、太阳能电池，它们广泛应用于工业和生活中，为社会进步做出重要的贡献。铝电解槽电池作为铝工业伴侣，走在铝工业节能减排的前列。多氟多生产的冰晶石、氟化铝在铝电解过程中用作助熔剂，能够极大地降低氧化铝的熔融温度，使之从2000多摄氏度降低到900摄氏度，有效缓解炉前高温对工人的伤害，同时作为制造铝电解槽的电解液，使铝工业走进千家万户。氟锂结合，开发出以六氟磷酸锂为核心材料的锂电池，并以六氟磷酸锂为突破口，研发电池、电机、电控为一体的电动汽车动力总成，为我国新能源汽车换道超车、实现强国梦奠定了坚实基础。氟硅分家，以氟为媒介研究硅的利用，实现硅化物材料系列化、高端化，应用于提供清洁能源的太阳能电池，成为我国推动新能源建设的重要部分。

多氟多研发的上述三种电池，成为"节能、储能、制能"新能源三要素的典范，构成了多氟多新能源的发展路线——用氟造福人类，探求氟元素工业应用和生活应用的无限可能；用锂驱动未来，为人类打造未来出行新方式；用硅温暖世界，提供未来社会多种智慧能源方案——形成了多氟多从化工向新能源转型的脉络。

通过研究氟、锂、硅三个基础元素，多氟多掌握了三种电池的核心技术，又通过研究新能源汽车的"三纵三横"技术，为全产业链布局打下牢固的技术基础。多氟多凭借由电池、电机、电控技术构成的新能源汽车"三横"技术，通过产业联盟平台的合作共赢模式，共同研究电动汽车的"三纵"技术——结构轻量化、动力电气化、整车智能化。多氟多最终追求的是新能源汽车作为人生伴侣、智能终端和学习平台的新未来，让人们的生活变得更加美好，形成多氟多和谐共赢的产业链。

多氟多这一和谐共赢产业链表现为"一个灵魂、两化支撑、三大新兴产业、四大板块"。"一个灵魂"是指创新，即技术专利化、专利标准化、标准国际化；"两化支撑"是金融化和信息化的支撑，其中金融化是资产资本化、资本股份化、股份证券化，信息化是智能制造、智才集聚、智慧企业；"三大新兴产业"是指从新材料、新能源、新能源汽车出发，形成"以新材料体系为支撑、以新能源汽车为引领、以电动汽车动力总成为核心"的全产业链思维，构成多氟多的四大板块——氟化工、电子级化学品、锂电池和新能源汽车。

未来的竞争不是单个产品的竞争，也不仅仅是企业之间的竞争，而是平台的竞争、产业链整合能力的竞争、生态系统建设能力的竞争，这是经济社会发展的特殊规律，也是新时代的产业格局。打造新能源汽车全产业链，是多氟多人应该主动承担的责任和义务。

新能源汽车正处于由政策驱动向创新驱动转变的新阶段，社会剧烈变革，吸引大量资本、人才、资源在此集聚，进而又催生一大批新思维、新技术。对于这些新思维、新技术，只有保持极高的敏感度并抢先运用于生产实际，才能占据产业头部，引领行业潮流。对此，多氟多积极跟踪学习、消化吸收这些人类社会的成果。

多氟多非常清楚，任何一家企业都不可能在产业链的所有环节上用力，必须抓住自己的关键节点，扬长避短。为此，多氟多在产业链的关键环节和优势的交叉点上发力，取得重大突破，冰晶石、氟化铝、六氟磷酸锂全国第一、全球第一。将来，叠片软包装新型锂电池也要做到全国以至全球第一……为了实现这些目标，不仅要有追求，还得抓住重点，多搞协同作战，多交朋友，多结善缘，尊重社会分工规律。这是开放的产业链、共享的产业链、创新的产业链、协同的产业链，需要大家共同努力。对于多氟多来说，需要高度热爱多氟多，受过多氟多良好训练教育、善于思考、敢于担当的干部，也需要热爱多氟多、敢想敢干、既有理论基础又有动手能力的技术骨干。

  君子对青天而惧，闻雷霆而不惊；履平地而恐，涉风波不疑。多氟多人敬重知识、敬重科学，敢于承担，既然选择了新能源，选准了这条产业链，就一定会坚定不移地干下去。中国经济已经进入全新时代，正在走进世界经济的核心圈，全球一体化战略、新时代全产业链思维，给多氟多提出了新的更高要求。多氟多的新能源汽车全产业链已经迈向新征程，站在新时代的新风口。多氟多人将以新时代、新要求统领新思想、新观念，为我国实现强国梦贡献智慧。

第五节
化危为机，激发潜力

经济危机是检验一个企业健康与否和综合实力高低的最好考试。2008年金融危机席卷全球，不仅是对全球经济的一次洗牌，更是对诸多行业的一次颠覆。

对于企业来说，经济危机是对企业的心理、智慧、信心和综合实力进行的全面检验，是一次生与死的洗礼，**只有穿越危机并经历危机洗礼的企业，才能逐渐成长和成熟**。一个睿智的企业，在经历危机考验之后，还能获得从教科书上难以学到的智慧——应对经济危机的管理知识和经验、面对危机时的冷静和从容，以及在经济高涨期应为危机所做的准备。

多氟多就是这类企业。多氟多以积极自信的心态、务实高效的措施，在经济风浪中不断成长，在压力和逆境中迎难而上，在大浪淘沙中脱颖而出。**在危机的洗礼中，多氟多通过实践摸索出"勇过三关"战术和"四项修炼"技巧**。其中"勇过三关"战术为：紧跟市场，机敏灵活的应变策略使多氟多度过存货消化关；有钱时找钱，超前融资，使多氟多平稳跨过资金链条关；科技创新，发展循环经济，开发新产品、建设新项目，大刀阔斧的拼搏使多氟多度过结构调整关。

"四项修炼"则让多氟多更理智、更成熟。

修炼一：增强信心。信心是一种精神力量。人要有骨气、志气、正气，都想成为他想成为的人，可以想成他想成为的那种人，这就是精神的力量。追求美好生活是人类的共同目标和理想，是推动社会经济发展的内在动力。危机既给人们带来危险，也给人们带来机会，对于企业来说，关键是如何正确地识别危机，顺势而为，化危为机，抓住机会逆势成长，开拓全新的市场。每一次危机，都会涌现一批成功的企业，例如美国的福特、日本的索尼、韩国的三星、中国的华为。多氟多抓住市场机遇，依靠技术创新，发展循环经济，通过灵活、开放的经营机制，经过艰苦努力，取得国内外同行业无法比拟的增长，成为国内无机氟化盐行业的排头兵。不管经济处于上升繁荣阶段，还是处于萧条萎缩时期，保持增长是多氟多人坚定不移的信念。多氟多依托行业技术、规模等优势和地位，找到了自己生存和逆势增长的方式，开创出一片新天地。

修炼二：坚持"生存比发展重要，现金比利润重要"的经营理念，实施稳健、保守的财务政策，关注资金的高效能运用。多氟多始终本着"有钱时找钱"的融资方针，积极拓宽融资渠道，精心打造和维护一条保证企业正常运转的资金链，保证生产经营和项目建设，促进公司快速增长。没有充分把握，不要轻易用自己的资金去冒险。必须充分认识到现金在全部资产中的重要性，太多高成长企业做资本对赌，导致企业陷入危局。稳健的财务、丰沛的现金流，使多氟多在竞争对手无法办到的情况下，捕捉到更多机会或更好地应对危机。

修炼三：坚持贴近顾客，成就顾客，提高产品质量，为客户提供优质产品、创造价值，实现自身价值，促进自身发展。顾客是企业生存的根本。企业只有生产出顾客愿意付钱购买的商品或服务时，资源才能转化为财富，物品才能转化为商品，企业才有存在的价值。危机来临时，人们发现市场这张大饼增长变慢，分饼的企业也在减少，意味着企业有机会拥有更多的市场份额。多氟多具备在危机中扩大市场的条件：最好的质量、最低的成本、创新观念、循环经济理念、贴近顾客追求等。过去开拓市场，"从山下往山上攻"；现在开拓市场，"从山上往山下打"。多氟多人下定决心，全面出击，出重拳，出狠招，牺牲暂时利益，抱着为客户创造价值和必胜的信心，赢得了更大的市场份额。

修炼四：打造价值型企业。借助市场拉动获得增长的时代环境不复存在，必须完成从外部机会市场向内在能力市场的转变，从规模增长向价值增长的转变。多氟多在危机中找到持续领先的动力，建立可持续增长的新模式；员工追求价值最大化，为顾客和企业创造新的价值。只有为员工搭建个人成长和实现个人价值的平台，使之找到自己存在的理由，才能发挥员工潜能，激发员工能量，进而为顾客和企业创造更多价值，实现自我价值的提升。

多氟多化危为机的能力由此可见一斑，而危机的洗礼也给世人以更多的启示。

启示一：危机洗礼，有利于企业更加文明进步。危机是行业理性发展的调整机会，它促使企业产品更新换代，按照科学发展重新审视有利时机。危机让企业反省，做出更加有利于人类环境改善的决定，发展循环经济。危机也为优势企业提供更大发展空间。多氟多坚持科技创新和循环经济发展理念，围绕"氟从哪里来，到哪里去，如何循环利用"，认真贯彻"资源化、减量化、再利用"的原则，产品有利于电解铝工业节能减排，开发应用新工艺，提高氟资源综合利用率，推动我国无机氟化工行业技术进步和可持续发展，走在全国同行业的前列，成为化工行业发展循环经济、注重节能减排的典型。

启示二：危机洗礼，有利于强化人力资源和企业文化战略规划。为了应对危机，企业必须锻炼员工队伍，积极储备人才，实现企业人力资源管理务实性变革。多氟多全体员工与企业共渡难关，保证基本工资发放到位，采纳员工意见，鼓励创新，重视员工培训和职业规划，建立激励机制，赏罚分明，展示企业远景，树立信心。团结就是力量，危机洗礼铸就了多氟多坚强团结、忠诚智慧的员工队伍，打赢了一场应对危机、保经营、保利润的攻坚战。

总之，多氟多经过经济危机的洗礼，成长得更好更快，发展步伐更加坚定，战略方向更加明确，员工和企业的价值取向更加一致，做到了化危为机，激发了企业和员工的潜力，成为优秀的价值增长型企业。

第六节
向管理要效益

科学准确、精细到位的管理是现代企业制胜的法宝。企业最大的风险是管理失控，精致管理是预防和化解企业风险的有效措施。多氟多创造性地摸索出一套科学有效的精致管理模式，保证企业沿着正确的方向快速发展。

一是按照现代企业管理制度要求，规范企业法人治理结构和运作机制。多氟多严格按照《中华人民共和国公司法》和现代企业要求，建立产权清晰、组织到位、技术先进、管理科学的现代企业管理制度。董事会决策有力，监事会监督到位，经理层权责明确。多氟多管理规范，高效运作，管理体制成为其突出优势。董事会既有内部董事，也有外部董事，比例合理，且多为业内相关专家。多氟多对高管实行股权、年薪和风险收入激励机制，实现由"人和"到"资和"，有效调动大家干事创业的积极性。多年来，多氟多有选择地发展股东和增资扩股，加上良好业绩和强劲发展势头，企业迅速发展壮大，注册资本、资产、利税等增长速度快。

二是建立以经济责任制为主线，以目标成本为核心的管理框架。多氟多内部各种原材料价格和产品成本价全部与市场接轨，每月考核，每季度调整。目标成本层层传递、分解到分厂（车间）、班组和个人，形成"市场重担大家挑，人人头上有指标"的局面，认真考核，节奖超罚，员工收入与产品产量、质量和成本等指标挂钩。因此，多氟多的氟化盐产品吨成本较同行业低10%～20%。

三是实施全过程财务精细化管理。财务管理是企业管理的核心，实施财务预算和分析制度，从收入到费用，从成本到税金，从货款回笼到现金流，并时刻与实际执行情况对照，严格控制预算超标。每月8日召开财务分析会，对照财务预算，总结经营成果，分析资金费用、成本控制、应收往来，发现问题现场研究解决，经营效果大幅提升。

四是搞好网络化建设和信息管理。信息共享程度决定企业的管理成本，为此，多氟多积极利用计算机、网络信息、管理软件等现代科技成果，开展网络化建设和信息共享；建立公司网站，完善内部局域网，推动先进管理软件的应用，企业OA（Office Automation，**办公自动化**）协同网络办公、财务用友、人力资源管理、生产管理、市场进销存管理等系统软件得到广泛运用；生产线实行DCS（**分散控制系统**）自动化控制，提高管理水平和工作效率；生产区和办公区通过网络传递报表数据，实现资源信息共享，落实无纸化办公和网上办公。

精细化管理之下，多氟多受益良多。

多氟多依托六氟磷酸锂，逆势突围，在转型升级之路上勾勒出近似完美的上扬曲线，净利润增长迅速，吸引资本市场，寄予很高期望；打造"以新材料体系为支撑、新能源汽车为引领、以电动汽车的动力总成为核心"的全产业链新能源企业，使企业吸引力不断增强，吸引各级领导、专家、学者纷纷为多氟多的发展献计献策……多氟多的发展显然不限于此，近些年来，随着党中央、国务院高度重视民间投资，出台一系列促进民间投资健康发展的重大政策，以之作为推进供给侧结构性改革、促进经济转型升级的重要抓手，多氟多加大投资决心，这份决心来自对中国的信心。在各级政府的支持和产业制度的加持下，多氟多氟化盐产业转移成效显著，巩固行业龙头地位，引领氟化盐健康、持续发展；电子级化学品进入高端电子信息产业，电子级氢氟酸有长足进步；六氟磷酸锂提振了民族自信心、企业自信心、个人自信心以及价值感；锂电池利润保持良好态势，新能源汽车产业整体趋向良好，整合各种资源，寻求新突破。

多氟多的发展进入新阶段，多氟多人深知，想要取得持续进步，还须进一步提升管理境界，不断向管理要效益。

一是提高组织化程度。多氟多积极提升管理层次，打造发挥组织协同效益的大平台，因为协调能力比指挥能力更重要。社会高度信息化，转变传统观念，把权力智慧化、知识化，构建一个强大的多氟多总部，才能领导多氟多走向未来。

二是形成横向、纵向关系管理矩阵。在多氟多，不同机构、不同职位、不同人员编制在一个强有力的网络领导下，推行合作文化，培养团队精神，发扬协作思维，形成学习氛围，这样才能真正聚焦目标。

三是正确处理经营和管理的关系。经营的目标是效益最大化，获得利润是企业的首要追求。多氟多人认识到，通过权力智慧化、知识化与客户实现资源交换，成功开拓市场，企业才能发展，这是市场生存法则。

四是管理为经营服务。管理的目的是实现效率最大化，管理以工作绩效为核心。在多氟多，管理具有控制性，强调一切行动听指挥，追求效率和权威，以效率的提高实现效益的提升。

五是加强子公司管理。 多氟多全面梳理管控模式，重塑总部管理体系。子公司主动融入总公司管理体系，提高公司总部对子公司的管控力，保证母子公司战略协同和可持续发展，提升多氟多的核心竞争力，实现价值最大化。

六是提高专业化水平。 多氟多领导班子不断提高认识，管理机制和标准制度建设以卓越思想为指引，培养一批具有扎实技能的复合型人才；学习企业章程，学习股东大会、董事会、监事会议事规则，以及董事会、监事会、高管行为准则和职务的工作细则。

七是提高学习能力。 多氟多上下学习经济责任制，树立以提高经济效益为目的的思维模式；学习企业文化制度，全体员工形成统一的价值观和行为规范，分解发展战略，促进公司良性发展。管理的核心是人，人的素质主要体现在学习能力上，学习成为多氟多所有员工的"主旋律"。

总之，多氟多的发展已经到了一个新的阶段，加强管理，提高效益，是时代赋予的历史使命。多氟多人不断学习，提升内功，适应发展需要，为一个强大的多氟多、为一个能为人类社会做出贡献的多氟多而努力奋斗！

第七节
突破自我，成就强大

2017年6月30日，"2017国家制造强国建设专家论坛"在北京隆重举行。时任中共中央政治局委员、国务院副总理、国家制造强国建设领导小组组长马凯致辞，全国人大常委会原副委员长、国家制造强国建设战略咨询委员会主任路甬祥主持大会，论坛现场发布《中国制造2025蓝皮书（2017）》。马凯指出，未来中国的制造强国建设要围绕六个方面积极开展工作，这为中国企业未来发展指明了方向。**作为我国制造业领域每年一次最具权威性的活动，多氟多董事长李世江有幸受邀参加并与国家领导、制造业主管部门负责人、知名专家和企业家一起同台演讲。**

多氟多之所以受此礼遇，原因在于多氟多紧紧围绕制造强国建设要求开展工作，其中前三项已卓有成效。

多氟多以技术创新为重点，实现产业、产品的提质增效，对传统产业实施新一轮重大技术改造升级工程。白银中天化工有限责任公司氟化盐生产线经过工艺改造和技术升级，氨气回收智能化、包装自动化，实现环境友好和提质增效双丰收，成为供给侧结构性改革和混合所有制改制的典范；启动ERP誓师大会，标志着智能工厂、智慧企业、智才集聚——"三智工程"建设拉开帷幕。

多氟多以发展新材料为重点，加快工业基础建设。新材料是工业基础短板中的短板，多氟多强化应用与研发对接，实现材料大国向材料强国转移。国家12个新材料领域，多氟多研究6个，涉及新能源、电子信息、前沿性新材料、纳米材料、生物医药、新型功能性材料；建立独具特色的新材料创新体系，站在新材料行业的前沿。

智能制造离不开精准的感知、系统的优化以及对过程的精准控制，要对智能制造进行全生命周期管理，才能让一切变得聪明起来。多氟多深知，科技创新是先进制造的核心内容，科学管理是先进制造的科学保障，军民融合是先进制造的强大动力，工匠精神是先进制造的品质升华。科技创新才能实现强国梦，才能凝聚巨大力量，民族自豪感才能油然而生。在"2017国家制造强国建设专家论坛"，李世江做了"以新材料体系为支撑的创新发展道路"的主题演讲，分享多氟多从氟化工出发向新能源进军与构建新材料产业创新体系相辅相成的科学关系。

高纯晶体六氟磷酸锂项目申报国家科技进步奖并获得二等奖，这是多氟多团队独立研发成功的高科技产品，是集体智慧的结晶。六氟磷酸锂工业强基工程项目作为国家工信部唯一验收的项目，获得国家相关部委的一致好评。从新材料到锂电池的应用，以及新能源汽车动力电池智能制造新模式应用项目申报成功，多氟多获得国家大力支持。

宁夏盈氟金和科技有限公司并购成功，氟化盐行业并购重组战略具有重要意义！该公司开启当月成功并购、当月盈利之先河，展示了双方合作的大局意识和实干精神。多氟多坚定不移地将先进技术和装备复制过去，把盈氟金和打造成样板工程、智能工厂。

多氟多启动ERP项目暨誓师大会，ERP项目实施人员把誓

第五章 管理：企业勇往直前的"方向盘"

言变为动力；人力资源部提出《关于采用信息化系统提高全员综合素质和专业技能》的合理化建议，借助信息化手段，解决企业快速发展与员工能力素质不匹配之间的矛盾，在人才界定、评价、激励、培养、提升等方面快速行动，解决员工培训、人才招聘和学习平台等方面的不足，并及时复制到各分公司、子公司，达到信息化与人力资源工作的高度融合。

多氟多致力于降低信用成本，共建和谐的企业，以大道至简的工作作风，坚持效率为主、兼顾公平的原则，简化工作流程，提高工作效率，勇于承担，敢于担当，培养高效管理团队，在持续不断的突破中成就自我。

当然，突破本身就是一种磨炼，必然经历一个痛苦的过程。"使我痛苦者，必使我强大"，对此多氟多人深有体会。

市场竞争是激烈的、残酷的，市场不相信眼泪。民营经济是在市场夹缝中成长起来的，是草根经济，具有很强的生命力，可谓"野火烧不尽，春风吹又生"。企业家面对经济危机，要有国际眼光，要对整体形势抱有正确的判断和总体的把握。企业家不是一种荣誉，而是一种职业，一种责任。企业家一定要与时俱进，对市场有悟性，有不同寻常的反应能力。

看一个企业，一看企业家人品、德行好不好，人品、德行不好，就得不到市场，得不到人才，得不到资金；二看企业家眼界宽不宽，企业家可以"自我"，但不能"自私"，要站得高、看得远，拥有足够的信息量，对事要有预见性，对事物发展的规律有充分认识；三看企业家胸怀大不大，企业家要容人、容事、容言，能听取不同意见。

企业一定要有社会责任，首先是做好自己，依法纳税，为社会、国家作贡献；其次要热心慈善、公益等光彩事业，回报社会。企业家思想一定要解放，产权要开放，不能单一，要搞混合所有制，发挥"杂交优势"，搞好公司内部治理。企业千万不要把员工当作成本，而要将之当成人力资源；要关爱员工，而非止步于善待员工。企业要认识到，一个人要有自我认识、自我控制、自我激励、自我完善、自我学习的能力，要加强对员工的教育和培训，才能使员工与企业一路走好、健康成长。

"信心"是一种状态，是一种不服输的状态，是一种奋斗的状态！不论企业还是个人，健康与否包括生理、心理两个方面。心理健康是指平和、从容的状态，并具有自我调节的能力。一个人既要体验成功感，也要体验挫折感、委屈感，苦辣酸甜都是养分，少哪一样都不是完美的人生。一个人要敢于冒险，不怕失败，崇尚创新。

搞好企业文化建设同样重要。企业文化要有个性，要有群众基础，它是企业行为方式和思维方式的集中体现。员工对企业要有满足感、自豪感、归属感。企业与员工是鱼水关系。企业兴衰，员工有责。多氟多真正把危机变成机遇，具有较强的生命力、凝聚力和发展力，不断突破自我，成就强大，是一个与众不同的企业。

第六章

创新:抢占黄金赛道的"发动机"

第一节
不吝创新，方能驰骋新赛道

2022年5月19日，多氟多发布公告，宣布多氟多正式进入台积电合格供应商体系，并于不久之后向台积电批量交付高纯电子化学品。作为全球最大的半导体代工企业，台积电对供应商素以严苛而著称，将"精益求精"的企业口号做到了极致。多氟多得以顺利进入台积电的供应商体系，又是如何实现的呢？答案是：创新。

一、创新既是挑战，也是突破

创新的灵感源于市场。 多氟多向台积电供应的化学品叫超净高纯电子级氢氟酸，是蚀刻和清洗半导体芯片的关键材料。谈到该产品的研发和推广之路，作为董事长的李世江感慨良多。当初，多氟多向其他企业推介电子级氢氟酸时，谁也不愿意做第一个吃螃蟹的。不仅是多氟多，很多中国企业在推进国产化替代过程中，都曾遇到过如此挑战。"信用成本太高"，这就是其他企业的回答。

对此，多氟多选择了迎难而上。包括台积电在内，任何一个一流企业，将多氟多的产品纳入供应体系，都会提出一定要求：文件审查——写你所做；现场审查——做你所写；产品审查——上线测试。同时，对多氟多供应链进行严格审查。多氟多接受了台积电的多方评估和严格审查，按其要求加以整改，在不断对话、交流的过程中，实现了技术系统的再升华、管理体系的再提升、产业链系统的再优化，具备了与高手过招的能力和素质，这正是多氟多多年来坚持创新的结果。最终，多氟多为台积电提供的超净高纯电子级氢氟酸品质达到UPSSS级，产品纯度达到PPT级（*万亿分之一*），达到当前半导体用电子级氢氟酸的最高级别。无疑，这对多氟多来说是前所未有的挑战，然而多氟多凭借过硬的技术、创新的成果及稳定的品质通过了台积电的验证。

成功进入台积电供应商体系，标志着多氟多的发展迈上一个新起点、进入一个新阶段，表明多氟多业已具备与世界级企业对话的资格，影响深远，也给企业带来超乎想象的凝聚力。

拿到台积电的"入场券"，是多氟多发展史上的巨大成功，这一光环时常掩盖多氟多在其他方面所做的创新——多氟多的创新成就，并不限于此，其在新能源汽车领域的成就同样值得大书特书。

近年来，新能源汽车发展如火如荼，其核心便是动力电池，而六氟磷酸锂作为锂电池的关键材料，广泛应用于新能源汽车等锂电池产品。在新能源这条新的黄金赛道上，多氟多可谓跑出了高速度。

2021年，中国政府正式提出"双碳"战略目标，即二氧化碳排放力争于2030年达到峰值，努力争取2060年实现碳中和；2022年，欧盟达成协议，批准2035年禁售燃油车提案。想要实现这一目标，必须以科技创新为先导，这就为科技创新提供了广阔的空间，新能源汽车适逢其时。得益于新能源将逐步取代石化能源的时代大趋势，多氟多以创新为驱动，围绕这一赛道加大创新力度，早早开发出六氟磷酸锂，成为六氟磷酸锂行业的引领者，从而终结了国外企业以此技术对中国企业"卡脖子"的历史。

二、人才是创新的根基

2015年3月5日，习近平总书记在参加十二届全国人大三次会议上海代表团审议时曾说："人才是创新的根基，创新驱动实质上是人才驱动。"2018年5月28日，习近平总书记在中国科学院第十九次院士大会、中国工程院第十四次院士大会上曾说："全部科技史都证明，谁拥有了一流创新人才、拥有了一流科学家，谁就能在科技创新中占据优势。"对此，多氟多深有体会，也颇有心得。

多氟多位于河南省焦作市，而作为四线城市，其对于人才的吸引力显然远远不及北上广深，与武汉、南京、杭州、成都等二线城市也相距甚远。为了吸引人才，焦作市广布"招贤令"，在人才引进和激励等方面做了不少工作。多氟多不遑多让，**"给人才安个家，给知识定个价，给创新插上翅膀"**是其最大的心得。

在多氟多，人才分为管理、工程技术、专业（经济师、会计师等）、技能4个系列。例如，工程技术系列的人才现有45位高级工程师，其中教授级高工8人，以及大量工程师；技能系列的人才多为能工巧匠，目前拥有国家级技能大师、河南省技能大师、焦作市技能大师若干，他们在实践中不断总结工作经验，扎扎实实地为多氟多解决问题。多氟多还有一个特别的优势，即拥有评审工程师和技师的资质，且得到国家认可，这对于吸引人才、稳定人才队伍大有裨益。

本着"不为所有，但为所用"的原则，多氟多积极争取外部人才支持，主要通过契约方式使之为多氟多服务。例如，同中科院 7 个研究所签订技术合作合同；与清华大学签订研究生培养合同，并且在微反应器等设备的开发方面开展合作。特别值得一提的是，多氟多近两年来做了两项非常重要的工作：一是与郑州大学联合成立智慧元素研究院，旨在研究氟、锂、硅以及相关元素的相互作用，并在数字化平台上进行更为深入的研究；二是与河南理工大学联合成立新材料产业学院，对新材料产业进行联合攻关，同时为多氟多培养人才，多氟多的教授级高工可以到河南理工大学讲课，河南理工大学工程专业的教授讲师也可以到多氟多当工程师。

多氟多用事业吸引人才的同时，不忘给人才安家。多氟多现有一座研发大楼，未来几年将投资 3 亿元兴建一座人才大厦，使人才住有所居，留人更留心。

三、创新与资本实现良性互动

未来竞争不是单纯产品的竞争。针对资本的负面效应，社会各界皆有讨论。对此，多氟多并不讳言。但是，多氟多更多关注资本的积极作用，将之与企业创新牢牢地绑定在一起。在多氟多，创新与资本市场的良性互动是主旋律，利用资本市场为创新提供强有力的支撑。

李世江认为，资本的力量是巨大的，资本仅是表象，资本背后则是智慧、人脉、资源、市场等。其实，多氟多正是在上市后借助资本的力量，使新产品持续迭代并以之作为支撑，在产业布局中不断吸引资本，形成多元合作、强强联合、优势互补的产业格局，进而推动多氟多步入发展的快车道。

资本的本能是逐利的，资本锁定什么企业、投资什么产业，首先是为了增值。在此过程中，体现了资本背后的掌控人对企业、产业以至整个社会经济的深度思考，他们是一群充满智慧的社会精英，他们对于经济趋势有着异乎寻常的敏锐性。对此，李世江感同身受，坚信当资本向一个企业集聚时，企业便拥有一个更大、更广阔的平台。多氟多积极利用这一能量，提升自己的创新能力，在创新的道路上走得更高、更快、更远。

多氟多自上市以来，深刻体会到资本对一个企业的巨大促进作用。 资本的支持如同给企业插上一双翅膀，企业通过创新发展、为社会多做贡献，才能得到资本更大的支持。对于多氟多来说，创新和资本市场已经实现良性互动，实业需要吸收、依靠资本，资本也需依靠实业，通过支持实业实现自身发展——双方互相支持，才能实现良性互动。

第二节
主动作为，夯实创新平台

马克思主义经济学认为，生产力和生产关系是相互作用的，生产力决定生产关系，生产关系对生产力有反作用。生产力与生产关系有机统一，才能有效推动社会健康发展。生产关系一定要适合生产力发展的状况，这是人类社会发展的普遍规律，多氟多上下深刻认识到这个普遍规律。

进入 21 世纪，世界经济呈现出新趋势、表现出新特点。中共中央总书记习近平在中共中央政治局第十九次集体学习时强调，加快实施自由贸易区战略，是适应经济全球化新趋势的客观要求，是全面深化改革、构建开放型经济新体制的必然选择，也是我国积极运筹对外关系、实现对外战略目标的重要手段。从"一带一路"到"上海自由贸易区"，从"港珠澳大湾区"到"长三角一体化"，自贸区正被视为城市群发展的"泉眼"、区域发展的新窗口。河南省顺势而为，抓住郑州市晋升为国家级都市圈的历史机遇，提出"郑焦一体化"发展战略，这不仅是河南省的机遇、焦作的机遇，也是多氟多的机遇。多氟多主动作为，力争抓住这一难得的发展机遇。

一、营造健康政商环境，融洽创新平台氛围

建立正常的工作秩序。经济持续健康发展离不开良好健康的政商关系。良好健康的政商关系，体现的正是生产力和生产关系的有机统一。企业作为发挥生产力作用的推动者或主导者，影响政府职能的转变，而政府职能的转变，表现为生产关系的反作用力，又推动生产力进一步发展，从而凸显企业的生力军作用。

新冠疫情突袭而至以来，对全球经济、政治、社会生活等带来重大冲击，深刻影响了整个世界的格局。疫情风险带来了经济风险、政治风险，也给人际关系、政商关系带来重大挑战。人们必须站在新的认知高度，既充满信心，又满怀忧患意识，做出思考、谋划并展开行动。

在抗击新冠疫情取得阶段性效果的同时，党中央紧锣密鼓出台一系列优惠政策，一手抓疫情防控，一手抓复工复产，两手都要抓，两手都要硬，让各界吃下定心丸，为各界注入强心剂，取得了显著成效，为世界抗击新冠肺炎疫情提供了中国方案，展现了中国智慧，彰显了中国担当。这些举措对于在新冠肺炎疫情反复的形势下营造健康的政商环境、融洽创新平台氛围发挥了重要作用。也正因如此，当前的中国企业才有良好的发展环境，才能稳定健康地发展。

多氟多善于化危为机，善于发现机遇、运作机遇、成就机遇。在抗击新冠疫情和复工复产过程中，多氟多响应党中央、国务院及各级政府的号召，赢得了市场先机，取得了发展主动权。2020年3月20日，李世江与时任焦作市市人民政府市长徐衣显的热情拥抱成为政商关系转变的佳话，也开启了焦作市政府职能转变、构建"清""亲""政""商"关系的新篇章。

二、主动作为赢得支持，夯实创新平台基础

谁都不愿在一个松松垮垮的环境中工作和生活。

2020年2月10日，多氟多复工第一天便发布《创新和担当——致全体员工书》，随后又发布《致合作伙伴书》，同时宣布多氟多正在实施的六大创新项目。一份家书，让广大干部员工放心、安心、暖心；一份合作书，让合作伙伴开心、定心、有信心；六大创新项目，把员工、客户与企业紧紧联系在一起，让大家有目标、有希望、有奔头。凭借站位高远的认知力、果断决策的判断力和统一意志的行动力，多氟多凝聚起创新的强大合力：无水氟化铝产品从人均劳效最高到单线年产规模最大；从最初的以"无水"起名到税则号单列；从制定行业标准到上升至制定国际标准；从全闭路内循环国家绿色工艺到数字孪生试点；氟硅资源从低品位到高效利用；从氟硅巧分家到氟硅汇聚半导体；从备受质疑到专家肯定；六氟磷酸锂产品质量和规模持续增强；电子级氢氟酸从PPM级到PPT级，从单一应用到光伏、液晶、半导体全覆盖，从无人问津到世界级中国造；打造2GWh锂电池项目利用数字化平台，实现供应链、智能制造链和市场链三链融合；疫情催生卫生防护材料项目，在原有无纺布隔膜生产线基础上，恢复生产熔喷布卫生材料……

疫情之下，多氟多主动作为，交出来一份优异的答卷，赢得广泛赞誉，获得多方支持。疫情期间，李世江与徐衣显成了"网友"，虽不见面，但是联系不断。李世江时常将多氟多的复工复产情况，近段时间政府部门上门服务及送政策、送温暖的暖心举动向徐衣显汇报；徐衣显对多氟多的近况非常关心，无论是微信还是短信，字里行间都是对多氟多的牵挂和支持。疫情虽然阻碍

了企业与政府面对面沟通交流，但是拉近了彼此之间的距离，多氟多感受到来自政府部门的温暖。徐衣显充分肯定了多氟多在疫情期间抢抓市场机遇的敏锐洞察力和主动作为的硬核力量，同时政府部门以雷厉风行的工作作风、灵活的工作方式和言出必行的工作力度，使多氟多如沐春风，对自身的未来发展更有信心，创新因此显得更具活力。

焦作市生态环境局前局长韩国庆带队深入多氟多调研时指出，多氟多走的是一条求真、求实、求新的道路，不断创新，不断超越自己。在生态环境治理方面，他鼓励多氟多创新观念，并从创新的角度看待自身在发展中遇到的问题。"环保与企业永远是知心的朋友。""无事不扰，有事必服。""企业干好围墙里的事，政府搞好围墙外的服务。""虽然服务不可能做到全部满意，但是一定要不断提高服务层次和水平，促进治理能力提升和服务体系现代化。"一句句掷地有声的承诺，一颗颗全力以赴做好服务的真心，让多氟多感受到了阳光雨露，体会到了来自政府的尊重。政府成了服务企业的知心人、贴心人，和多氟多以一种崭新的方式融合起来、协同起来，展现了新时代政商关系的新气象、新风尚，多氟多的创新平台进一步夯实。

当前，我国的民营企业正迎来发展历史上营商环境充满机遇的时代。多氟多深知，只有毫不迟疑地抓住历史机遇，才能赶上"郑焦一体化"这列时代的快车。多氟多将把六大创新项目分类施策，主动融入"郑焦一体化"战略，充分利用一体化平台的要素整合能力、体系能力和融合能力，催生强大的生产力，有效规避风险，争取产业支持，提升核心竞争力。

多氟多是一个有创新基因和创新能力的企业，它用实践证明了其产业发展道路的正确性，用实际行动证明了多氟多人从不服输的精神，用成果证明了多氟多人创新的脚步将永不停歇。

第三节
用创新赢得未来

多氟多赶上了一个伟大的时代,坚持创新驱动,推动转型升级,解放思想,坚定信念,凝心聚势,在近年来全球经济形势不明朗的大环境下,选准方向,找准目标,选对路子,迎来发展史上业绩最好、增速最快、股东满意度高、员工幸福感强的好时代。

宝剑锋自磨砺出,梅花香自苦寒来。多氟多深知,创新是企业的根、企业的魂,更是实体经济基业长青的命脉。因此,多氟多坚持在技术、管理、产品、市场、机制和文化等方面多维度跨界创新。多氟多今日的成功,源于坚定不移的创新;多氟多未来的辉煌,必定依然依靠坚持不懈的创新。

一、用创新的使命感统领全局,推进跨界转型升级

创新是一种使命,是历史赋予人们历久弥坚的使命。**唯有创新才能领先**。20世纪90年代,多氟多开发出具有世界先进水平的"氟硅酸钠法制冰晶石联产优质白炭黑"生产技术,成为国家自主创新、发展循环经济、节能减排的典型。

六氟磷酸锂号称"锂离子电池的血液",曾被日本等国垄

断，每吨100万元的"天价"刺激了多氟多人创新的使命感。多氟多人以顽强的毅力和不服输的精神，创造了六氟磷酸锂在国内实现产业化的奇迹，挺起了民族经济的脊梁。

多氟多从氟出发，进军六氟磷酸锂，从锂电池、电机、电控，到动力总成，再到新能源汽车——这一系列聚力创新和跨界融合，凝聚了多氟多人强烈的时代责任感和使命感。

二、以技术创新为核心动力，打造一流的标准化体系

党的二十大报告提出："必须坚持科技是第一生产力、人才是第一资源、创新是第一动力，深入实施科教兴国战略、人才强国战略、创新驱动发展战略，开辟发展新领域新赛道，不断塑造发展新功能新优势。"**多氟多坚持自主创新，走出一条"技术专利化、专利标准化、标准国际化"的技术创新路径**，共申报278项国家专利，其中授权186项，多数专利转化成生产力，成为发展的强劲动力和基础；将专利上升为国家标准，主持制定、修订全国50多项氟化盐国家标准、行业标准，并上升到国际标准，成为国际标准化组织ISO/TC 226的成员，主持制订氟化盐国际ISO标准。多氟多在制定、修订国家标准的基础上，研制大量的标准样品，形成多氟多三位一体的标准化体系。

三、资本和技术创新高度融合，为企业快速发展注入不竭动力

资本是经济增长的发动机、启动器、动力源。多氟多在产业价值链上跨界融合，利用资本手段开拓市场版图。"跨界"已成为当前企业竞争中的"新常态"，通过跨界融合，融入全新的创

新基因和增长动力，能够改造传统产业发展模式。

多氟多借助资本助力重大项目。2016年，多氟多募集资金6亿元，助力总投资10亿元、年产3亿Ah锂离子电池组项目，成为焦作工业强市战略再出发的动力引擎；同年，年产30万套新能源汽车动力总成项目获批国开发展基金5亿元扶持出资计划，该项目旨在打造集制造中心、研发中心、交易中心和服务中心为一体的新能源汽车综合产业园。

创新链与资本链相互作用，打造新能源全产业链，实现跨界整合，形成良性循环。清华大学、中国科学院过程工程研究所与多氟多签订战略合作框架协议，技术创新的支撑力量更加强大。

四、文化创新凝聚力铸就企业发展新未来

创新是企业文化的精髓，是企业长盛不衰的法宝。多氟多长期积淀，对企业文化内涵进行整体解读和延展，形成"氟通四海，造福人类；锂行天下，理想能源；硅达五洲，贵在电子；车载未来，为你而来"的战略发展目标。

多氟多围绕转型升级、创新发展的新思路、新思维不断碰撞新的火花、新的灵感。央视纪录片《创新之路》让多氟多人了解了国内外体制、机制和观念创新的历程，使之从心灵深处意识到，创新是一个民族进步的灵魂，是一个企业繁荣发展的动力，只有不断创新，才有生机和活力。创新是一种理念，更是企业的追求，唯有创新，特别是原生态创新，才能实现企业的跨越式发展。

企业文化是全方位的，企业创新发展离不开党建的引领和驱动。多氟多坚信党的领导，坚持将党的宗旨和企业文化精神融为

一体，坚持依靠职工办企业的民主管理思想，催生一批在党员岗位上发挥先锋模范带头作用的典型代表，例如闫春生荣获"全国五一劳动奖章"，彰显了多氟多勇于探索、创新不止的精神。

开展合理化建议活动，是打开人才创新的一扇窗户。多氟多积极营造尊重知识、尊重劳动、尊重人才和尊重创造的良好氛围，让"知识改变命运、劳动创造世界"的理念融入员工的自觉行动，形成人才相互支撑、共同打造成长平台的文化创新格局。

多氟多以市场化经营为手段，以服务员工为目的，开展后勤保障服务，采取一系列创新举措——提供温馨的员工公寓、举办丰富多彩的职工运动会、开展各具特色的员工培训等，不断提升员工的幸福指数和满意度。

多氟多的创新之路，已经踏上新的起点、登上新的高度。唯创新者进，唯创新者强，唯创新者胜。多氟多走创新发展之路，集聚创新人才，择天下英才而用之；营造勇于创新、鼓励成功、宽容失败的良好氛围，为人才发挥作用、施展才华提供更加广阔的天地。创新不断，多氟多未来可期。

第四节
以梦为马，成为创新筑梦人

多氟多的梦从美丽化工梦做起，到新能源梦，再到新能源汽车梦，形成链条后，做企业发展梦。数千多氟多人为了心中的梦想奋勇向前，以梦为马，成为创新筑梦人，最终让梦想成为现实！

一、美丽化工梦

多氟多走的是一条从氟化工向新能源转型升级的道路，多氟多人的梦从美丽化工梦开始。

美国有机化学家、现代有机合成之父伍德沃德说："在上帝创造的自然界的旁边，化学家又创造另一个世界。"

世间的化合物不过一百余种，而化学家可以合成的物质多达数千万种。这些物质穿越历史，从青铜器时代到信息时代，所有划时代的技术都源于化工人的创造，并推动人类文明的进程。化工使人类更健康、更长寿、更幸福。

化合物成千上万，化学元素仅有118种，多氟多重点研究氟、锂、硅三个元素，并在三个元素的细分领域深耕细作，进行化学和能源研究。

元素周期表左上角有两个高能元素——氢、锂，它们的能量非常高。元素周期表右上角的氟，是除了惰性元素以外最活泼的非金属元素，生来"调皮捣蛋"，但是一旦为人类掌握，就会对人类社会做出非常大的贡献。多氟多将氟、锂结合起来，开发了六氟磷酸锂。

多氟多研究氟硅分家。第一个项目是"氟硅酸钠法制冰晶联产优质白炭黑"，即把其中的硅做成二氧化硅，开创二氧化硅生产的新纪元；开发高分子比冰晶石，开创一个新时代。氟硅分家要求氟里不能有硅，硅里不能有氟，真正的氟硅分家是把硅做成单晶硅和多晶硅。

多氟多研究氟、锂、硅三个元素，氟锂结合、氟硅分家，一分一合，尽显哲学思维。

二、新能源梦

通过研究氟、锂、硅三个元素，多氟多在铝电解槽电池、锂离子电池、太阳能电池研究方面成绩斐然。

（1）铝电解槽电池。

对氧化铝进行电解，须以冰晶石为助溶剂，强大的直流电通入电解槽内，在阴极和阳极上起电化学反应。氧化铝必须在高温下进行电解，溶解温度是2030摄氏度，加入冰晶石后，溶解温度大幅降低，降到960摄氏度左右。冰晶石有效降低了铝电解过程中的能量消耗，才有了大规模的电解铝工业，使电解铝走进千家万户。全球每4吨电解铝中，就有1吨是用多氟多的助溶剂生产的，这是节能电池。

（2）锂离子电池。

以六氟磷酸锂为电解质，加上有机溶剂后即可构成电解液，它是锂电池的"血液"。这就解决了锂离子电池不易储存的难题，降低了锂电池的成本，使锂电池走进千家万户。全球每3块锂电池中，就有1块是用多氟多的电解质生产的，这是储能电池。

（3）太阳能电池。

多氟多生产的用于光伏电池及半导体的氢氟酸，以及以氟硅分家的方法生产的单晶硅，对于推动光伏电池的发展做出重要贡献，这是制能电池。

地球上大部分的能量都来自太阳。光伏电池制造能源，锂电池储存能源，铝电解槽电池节约能源。制能、储能、节能产品的开发，形成了多氟多的新能源体系。多氟多科技大厦外面道路上的风光互补 LED 路灯就是一个完整的新能源体系——有风力发电、太阳能发电，有锂电池储能和半导体照明节能。**如今，多氟多正在探讨一幢建筑、一条街道、一个社区、一座城市的新能源解决方案。**

三、新能源汽车梦

通过研究氟、锂、硅三个元素，多氟多开发了三种电池，它们构成了新能源汽车三要素，即跟踪研究新能源汽车"三横"技术——电池、电机、电控，以及"三纵"技术——结构轻量化、动力电气化、整车智能化。

结构轻量化即车身轻量化。多氟多为电解铝产品提供节能产品，电解铝企业又为多氟多提供节能产品，彼此构成良性循环，实现优势互补，形成良性生态。

动力电气化表现为通过氟锂结合，研究锂电池的原材料体系。多氟多正在试验石墨烯基锂电池。锂电池总成为汽车动力电气化提供了解决方案。

整车智能化是利用信息技术。多氟多与德国SAP合作并推进智能化制造过程。电动汽车是智能化的结果，半导体行业是其发展基础，多氟多有幸参与其中。

新能源汽车产业链是一个生态圈，涵盖整车制造、智能网联、出行服务、整车技术和产业基金五大环节。**未来的新能源汽车将是一个代步翱翔的人生朋友，一个与世界对话的智能终端，一个忠诚的人生伴侣，它将不可阻挡地改变人类的生活。**

四、企业发展梦

多氟多围绕一个全产业链条，做好两个支撑，把握三个特征，发展四大板块，让新能源梦想成真！

（1）两个支撑。

一是信息化，二是金融化。人类依靠信息化取得巨大进步，多氟多与SAP合作，利用ERP资源管理系统提升效率。信息化的价值在于，每个用户接受信息，同时反馈信息，为决策提供科学依据，推动企业向前发展。当科技遇到资本，企业的爆发力非常巨大。

（2）三个特征。

一是技术创新、转型升级，创新覆盖多个维度，形成综合创新体系；二是志存高远，冰晶石、氟化铝、六氟磷酸锂、电子级氢氟酸等产品做到全国乃至全球第一，技术开发成果通过市场取得回报；三是民主管理、共享发展，多氟多人的积极性、参与度和主人公意识很强，感受到多氟多是一个大有发展前途的企业，能够拧成一股绳，共享发展。多氟多党委曾获得"全国基层先进党组织"称号，以党的先进性和核心力量，激发全体员工的创新热情和活力，在新领域不断创新；感恩文化凝聚人心，求真、向善、唯美，传递正能量。

（3）四大板块。

氟化工、电子级化学品、锂电池和新能源汽车即多氟多的四大板块。氟化工通过并购重组，冰晶石、氟化铝份额分别占市场的 60%、40% 以上；电子级化学品包括精细化学品和电子玻璃，以六氟磷酸锂为代表的锂盐已走在世界前列；锂电池和新能源汽车按照国家政策稳步推进。

多氟多的发展模式和思路，有它的内在逻辑和科学性，是全体多氟多人集体智慧的结晶。这一结晶为多氟多营造了良好的发展前景，成为多氟多不断前进的强大动力和牵引力。

五、员工个人梦

多氟多有数千员工，每个员工都带着梦想而来，成为多氟多大家庭中的一员。作为多氟多的董事长，李世江是多氟多人中的杰出代表，跟所有多氟多人一样，他也怀揣梦想，为个人梦而奋斗。**从某种程度上说，李世江的个人梦就是多氟多人梦的缩影。**

作为一个农村出生的苦孩子，李世江知道劳动创造价值，知识改变命运。他给自己的定位是：走一条从实干家到企业家，再到知本家，最后到慈善家的道路！

在李世江的个人梦中，某一天早晨，他在优美的音乐声中醒来，机器人盼盼款款走到他的身边。但他还是觉得老伴好，把盼盼支开后，他叫来老伴，一边听老伴唠叨，一边欣赏室内随其思维变化着的各种景象。很快,老伴带着他移步到多氟多生产的新能源汽车面前,这是典型的"四无"车:无人驾驶、无油电动、无主共享、无线充电。车使用的是多氟多生产的动力锂电池,车的主人是谁已经不重要,只要需要,它就会过来……

李世江说,他要带领多氟多为全国培养十个亿万富翁、一百个千万富翁、一千个百万富翁;一万个人有自己的房子,有自己的车,有自己心爱的家庭,有自己心爱的事业和朋友。这个梦想既是李世江的梦想,又是多氟多的梦想,其实是每个多氟多人的个人梦汇聚而成的梦的河流——一定要努力实现这个梦想!

超越梦想一起飞,梦想终将照进现实!

第五节
思想创新，成就创新型多氟多

多氟多取得的成就，凝聚了无数多氟多人的智慧和心血，在这个过程中涌现出一大批技术创新人才、市场开拓精英和项目建设功臣，汇聚成多氟多勇于创新、担当和奉献的精神力量。从某个角度来看，多氟多的发展史正是我国经济创新发展的一个缩影。多氟多从技术创新到管理创新，在打造全产业链的转型升级中不断提升智慧出行的服务能力，形成新的核心竞争力。这是新时代赋予多氟多的责任与使命，是多氟多人创新求变、超越时代的追求与梦想。**无论是技术创新、管理创新还是商业模式创新，归根结底在于思想创新**。只有创新思想观念，才能增强科学发展意识，破除影响和制约发展的旧思想、旧观念、旧体制、旧机制，创新体制机制，最大限度地解放和发展生产力。

一、持续的技术创新为多元化提供无穷动力

创新的成果要通过市场来检验。多氟多的氟化盐是创新的氟化盐，创新意识流淌在多氟多人的血液里，烙在多氟多人的骨子里。1992年12月14日，全国计划会议在北京召开，1号参阅文件《氟化盐发展策略》颁发，提出用磷肥副产品氟资源生产氟化

盐，多氟多董事长李世江当时认真研读并参与编写全国无机氟发展规划。1994年，李世江来到焦作市冰晶石厂工作，组织技术队伍对全球多种冰晶石的生产工艺进行研究，对比分析后决定实施"氟硅酸钠法制冰晶石联产优质白炭黑"项目，这是原国家计委批准的国家高新技术产业化示范项目。研制过程充满艰难曲折，项目开展初期，几位合作者和合作机构都因项目研制难度过大而半途而废，直到与天津化工研究院宁延生院长合作，终于获得成功。首创的高分子冰晶石成为国家级新产品，创造一个新的市场，开启了制定国家标准的先例。

无水氟化铝的研制过程同样一波三折。当时，无水氟化铝小试和中试已经完成，并取得河南省科技成果鉴定。期间与德国一家公司合作，而对方出现一系列错误，致使合作项目失败，无法通过验收。多氟多只好推倒重来，按照自己的思路重新完成国家级新产品的开发。然而，产品成功上市后，那家德国公司索要超过4亿元的经济赔偿。多氟多打了一场惊天动地的国际官司，最后裁定的结果是，对方向多氟多支付赔偿。经此一役，多氟多不仅证明了中国人也能凭借自己的智慧研发高科技产品，而且提升了自主知识产权保护意识。此后，无水氟化铝成为国家环保产品，获得河南省科技进步二等奖。实施塔吉克斯坦援外项目时，多氟多的操作工人成为"国际专家"，无水氟化铝实现对外技术输出。

从开发国家高新技术产业化示范项目"氟硅酸钠法制冰晶石联产优质白炭黑"，到开发国家新产品无水氟化铝项目，多氟多采用一系列新工艺，开发一系列新产品，探求氟在人类生活和工业应用中的无限可能。从近200项国家发明专利，到国家标准制定和国家标准样品研制，再到建立国家认可实验室，多氟多形成了三位一体的标准化体系。从自我发展到进军资本市场，再到一系列兼并重组，多氟多已取得全国乃至全球领先地位并日益稳固，承担起引领行业健康发展的责任和义务！

多氟多的技术创新有两个显著特点。一是形成良好的创新文化，万众创新的氛围非常浓厚，每年多氟多都有十多项可以冲击省级乃至国家级科技进步奖的课题，几十项小改小革奖，几百项合理化建议奖——这就是证明；**二是产业化队伍和产业化能力突出**，由于多氟多很多创新独一无二，出于保密缘故，无法和其他人分享，项目设计、安装、组态及产业化必须由多氟多独立完成，而这也培养了技术队伍，员工增长了本领，有了最核心的竞争力！

二、管理创新成为智慧引领的"定盘星"

一项管理突破要比技术和产品创新更能创造持久的竞争优势。创新须在一定的管理框架下进行，管理智慧决定企业能走多远，能否引领企业健康发展。在这个意义上，未来企业间的竞争就是管理的竞争。在多氟多，管理构架、流程与SAP的ERP支撑的管理体系，以及对员工的激励机制构成管理的核心。**多氟多提出的"集中控服、专业经营、系统多维、互联互通、价值创造、智慧担当"二十四字管理方针，就是管理智慧的结晶**。这是一次自上而下、超乎想象的变革，这是一次牵住"牛鼻子"、全方位发力的革新，这是一个革故鼎新、用智慧引领未来的航程，这是一个开启新征程、迈进新时代的集结号！

"集中控服"为"专业经营"提供平台支撑。"集中控服"源于资源积累、优化整合、平台搭建、渠道优势，源于企业具备资本、资产、资金、资源四个要素这一物质基础。"专业经营"

的自信取决于总部平台的优势和事权下移，让专业技术和专业能力自我发挥、自我判断、自我决策、自我成长，服务意识主动前移，为在一线战斗的勇士提供充足的"炮弹"，密切契合稍纵即逝的市场机会，打赢每一场"战役"。

"系统多维"即充分发挥董事会、监事会和管理层"两会一层"法人治理结构的第一管理维度的控制功能，产供销第二管理维度的执行功能，人、财、物第三管理维度的服务功能。"互联互通"为"多维管理"提供技术支撑，使管理更加快捷高效。通过数字化信息进行多维度分析，多氟多让事业部的纵向管理和职能部门的横向管理、集团的指挥系统和产供销的执行体系，横向到边、纵向到底地全方位导入职能部门的服务功能，实现所有管理要素协同一致，让管理更加畅通，效能更加显著。

"价值创造"为"智慧担当"提供信心支撑，激发创新动能。合理化建议活动为创新注入活力，实现从量变到质变的飞跃，为价值创造提供智慧平台。多氟多激发勇于担当者的责任，为其搭建智慧担当的平台。

多氟多的管理创新也有两个显著特点。一是大道至简、提高执行力的理念。管理须分配给每个人一定的资源、界定由于拥有这些资源而形成的关系并制定分配制度。多氟多在定岗、定员、定责的基础上，细化成本核算体系，制定一整套经济责任制度，成为多氟多内部人人都能看懂的规则，并认真组织学习、贯彻执行。在此基础上，形成说了算、定了干，再大困难也不变的执行力，这也成多氟多的核心竞争力。**二是牢固树立管理为经营服务的理念。经营讲效益，管理讲效率。**管理围绕提高效益讲效率，须减少重复劳动，经营要对提升管理效率提要求，把服从管理建立在尊重科学的基础上。

三、服务出行构成新时代的商业模式

创新的溢价要通过市场来体现。 现代社会，服务已经被提升到新的高度，对服务和出行的理解构成了多氟多新的商业模式。互联网、大数据让智慧出行成为可能，它将缩短人与人之间的距离。同住地球村、共享新出行的美好愿望正在成为现实。**多氟多坚持创新驱动，从技术的高端向服务的终端迈进，这是新经济时代赋予的选择，是经济全球化的必然趋势。**

未来，行业壁垒将不复存在，服务不仅是服务制造业，更是一种人生体验，每个企业都是"跨界者"。用户体验如何，能否提升用户价值，成为未来服务的关键，主动权永远在被服务端。

将来，服务业和制造业将会融为一体，而服务经济已经成为全球发展的时代主导。新经济时代必须明确生产性服务业与经济转型的关系，掌握制造业与生产性服务业融合发展的路径。多氟多建设的年产30万套电动汽车动力总成项目，其中配套的设计、制造、交易和服务四个中心体现的主要功能就是为制造业提供全方位服务，打造一个以服务为主体的功能园区。

在互联网技术下，消费者可以很容易地参与到企业的生产经营过程中，消费者和企业共同完成产品的制造，实现生产者和消费者的统一性、同步性。多氟多将整合产业链和价值网络，构建良好生态，搭建一个集用户体验和创新整合为一体的服务平台。

在多氟多看来，新经济时代人们将会做到按需出行、共享出行、绿色出行、智慧出行。 未来，出行需要不断优化用车形态，以不同的用车形态去满足不同人群对出行距离和运载能力的要求，出行行业才能够进入一种有序竞争、良性循环的状态。将老百姓的所有生活需求与出行这一刚需串联在一起，将能打造出更

大的出行生态。

多氟多新能源汽车"新行·态"战略发布会成功举行,"电池、微行"双龙头开启智慧出行新征程；三款新车型进入国家公告和新能源汽车推广目录,并走向市场；与中国科学院、北京协同创新研究院、电动汽车百人会多方位深度融合,打造开放共赢生态链,与用户融为一体；重新定义汽车,追求人生伴侣、智能终端、学习平台新未来,创造一个市场,为人类出行服务共创美好生活。

美好生活需要伟大事业的支撑,伟大事业需要伟大价值观的引领。中国共产党全心全意为人民服务的宗旨就是引领多氟多的核心价值观。坚持党的领导是多氟多创新发展、转型升级的核心力量,是指导多氟多人树立正确的人生观、价值观和世界观的灵魂。技术创新、管理创新和商业模式创新固然重要,突出思想领先和作风领先则是新时代的根本要求。多氟多每一次转型发展、每一次创新突破,都是在认真学习和领会党的方针政策,从中获得灵感,找到前进的方向。这是管理思想的精髓,更是指引多氟多健康发展的一座灯塔。多氟多把企业的目标同党的宗旨结合起来,职工把个人的目标同企业的创新发展结合起来,形成了独特的党建创新文化,从而成就了创新型的多氟多。

第六节
提高创新主体意识,引领企业跨界转型

创新是一个企业不断向前的动力,跟随别人的脚步注定没有出路。只有从跟随者向引领者转变,提高创新主体意识,才能拥有更强的生命力,只有勇于跨界转型,才能不断挖掘潜力,实现持续健康发展。

一、提高创新主体意识

创新精神,是多氟多人的成色。**多氟多积极主动地提高创新主体意识,依靠多维创新走出一条独具特色的跨界转型道路。**多氟多以多种方式、多个纬度,从技术、产品、市场、资本等各方面发掘创新基因,探索创新方向。央视大型纪录片《创新之路》播出之后,多氟多将之作为学习的典范,着力于建立更有价值、更有生命力的综合创新体系,推动企业在新常态下转型升级,以多维度创新推动多氟多跨越发展。

(1)颠覆式技术创新。

依托技术创新,多氟多从根本上、整体上和模式上创造氟化工行业全新的工艺和市场。多氟多成功开发"氟硅酸钠法制冰晶石联产优质白炭黑"生产技术,培育强大的创新基因,开辟了氟

化工行业新纪元。

（2）产品升级创新。

多氟多从原料入手，开发冰晶石、氟化铝，做到全国第一、全球第一；氟锂结合，六氟磷酸锂做到全国第一、全球第一；从替代进口到出口，为国家做出贡献，为民族产业争光。

（3）战略创新。

多氟多选对路子，找对方向，优化产业布局。在氟化工行业，多氟多以市场为导向，以效益为中心，通过"腾笼换鸟"的方式，实施产业转移，转移到有资源、有市场优势的西北，发挥比较优势，使白银中天化工有限责任公司成为全国最大的无机氟化铝生产基地。

（4）资本创新。

多氟多走出一条"资产资本化、资本股份化、股份证券化"的道路。企业上市后，从卖产品到卖企业，是一个质的飞跃。上市其实是一个价值发现、价值评估的过程，资本市场发现了多氟多的价值，上市平台打破了地域和空间的界限，融入跨界思维，使多氟多拥有更为广阔的发展思路。

（5）文化创新。

多氟多搭建创新平台，鼓励大众创新。创新思维是开拓人类认识新领域的思维活动，是追求"独到"和"超越"的意识形态。多氟多尊重创新的瞬间性、方式的随意性、路径的不确定性，培育多维空间思维。

（6）平台创新。

多氟多建立了国家认定企业技术中心、国家认可实验室、河南省无机氟化学工程技术中心、河南省含氟精细化学品工程实验室。多氟多还致力于打造锂离子电池工程技术研究中心、新能源汽车研究院，为技术研发和技术创新提供有力保障。

（7）校企合作创新。

实体经济的位置更突出、更重要，企业的主体作用更加凸显。多氟多和焦作大学合作成立焦作大学多氟多学院，打造技术创新生态体系。通过院校学习及企业再教育，多氟多培养出更实用、更精准的在职员工，跟上时代的进步和企业的发展。

（8）培养创新思维。

多氟多是一所培育创造型思维的大学校，积极营造"**崇尚创新、宽容失败、支持冒险、鼓励冒尖**"的文化氛围，使企业每一个构成元素都活跃起来，激发广大职工的创新潜能和创造活力。

（9）以高标准打造好企业。

好企业一定是一个以好产品创造好市场、获得资本追随和人才青睐的平台。资本市场追逐多氟多，使社会各类资源向多氟多汇集。多氟多竭尽全力激发创业热情，不遗余力地创造更好的环境，在创新道路上走得更远，让人人都成为创新者，使创新成为一种追求，带给社会以进步、生活以改善，带给人们思想上和行为方式上的自由。

二、引领企业跨界转型

创业精神，是多氟多人的本色。创新是一种变革，是一种否认自我、超越自我的勇气。创新动机其实是一种选择，这一选择和创新能力一样重要。多氟多致力于在一个创新的时代，成为一个创新的企业，让每个多氟多人成长为创新的人，将多氟多打造成一个拥有创新基因的企业，以万众一心之力、众志成城之志，引领企业跨界转型。

跨界转型并非一时的心血来潮，而是深思熟虑的选择。2015年5月，国务院印发《中国制造2025》。国务院关于印发《中国制造2025》的通知中提道："实现中国制造向中国创造的转变，中国速度向中国质量的转变，中国产品向中国品牌的转变，完成中国制造由大变强的战略任务。"早在那时，多氟多便开始深入思考：作为新兴产业和朝阳产业，氟化工行业如何解决结构性产能过剩问题？如何优化存量，找到增量突破点，实现转型升级？**多氟多以实践表明，关键在于以技术创新为突破口，找到转型升级新路径。**

（1）培育企业创新基因。

企业具有国际竞争力，前提是做到技术领先。开展一项新的研究、开辟一个新的市场，始终有人追随跟进，这便是自主创新，是一种领先姿态。所谓物极必反，一旦在一个行业里做到最大最好，企业发展就会遇到"天花板"，想百尺竿头更进一步，必须依靠创新，实现转型升级。此时，创新基因便显得尤为重要，一个拥有创新基因的企业往往能够迅速实现转型，开辟一片新蓝海。

（2）培养企业兴奋点。

企业发展需要兴奋点，企业的兴奋点体现为新技术、新产品和新模式。它们由过去看不见、看不起、看不懂、来不及，变为现在看得见、看得起、看得懂、来得及，是企业需要学习的一门大学问。

（3）优化企业转型方式。

产业转型是企业凭借技术和资本积累，向供应链上下游拓展，进入一个新的产业领域的过程。转型不仅要有胆有识，更要有敢拼敢闯的劲头。"互联网+"时代，必须善于运用跨界思维，要有借力打力、隔山打牛的能力和本领，引领企业进入新领域、高境界。

多氟多主动培育企业创新基因，积极培养企业兴奋点，不断优化企业转型方式，有力地推动了企业的跨界转型。多氟多研究氟锂结合，开发新产品晶体六氟磷酸锂，打破国际垄断，为民族增光，该产品列入国家"863计划"、战略新兴产业专项和产业振兴计划；多氟多进而研发电解液和锂电池，开发正极材料、膜材料等系列新材料，以材料体系支撑锂电池发展，成功开发软包叠片动力锂电池；多氟多同"互联网+"结合，开发电机、电控、电池三大体系，体系在电动汽车上得到应用。

面对产业转型升级，多氟多已经做好三个准备：从制造业到服务业转变的准备，从前端、中端到末端即消费市场转变的准备，从满足标准到满足用户需求转变的准备。多氟多人坚信，咬定目标坚持不懈，持续创新，适时转型，多氟多必将迎来一个更好的时代，必定进入优秀企业的行列。

第七章

人才：组成攻城拔寨的"主力军"

第一节
人人皆可成才：与企业一同成长

"真正的成就，不是赚了多少钱，而是成就多少事、成就多少人。""所谓人才，主要还得把懂得做人做事之道放在第一位，即懂得全心全意为人民服务的人，才是真正的人才。"这是多氟多董事长李世江一位挚友的肺腑之言。这话不仅对李世江，对整个多氟多都产生了重要影响。

一个伟大的企业是由一批拥有伟大梦想的奋斗者创立的。从氟化工到新能源，多氟多拥有一批深耕元素世界、坚定梦想成真的人，坚信这个世界是由一批立志改变世界的人创造的。多氟多化挑战为机遇，痛并快乐着，实在"痛快"。**多氟多人满怀激情、充满希望，做持续努力的奋斗者和改造世界的追梦人。**

一、成为你想成为的那个人，同企业一起成长

做活人才就是竞争力。多氟多转型发展的过程就是培养和造就人才的过程，是构建和完善人才体系的过程。多氟多把项目建设、课题研发、专利发明、标准制定、市场开拓都作为造就人才的"实验场"，作为培养人才、发现人才、提拔人才的"试金石"，让人才在实践中锻炼、在岗位中成长，逐步形成多氟多人

才梯队建设的新路径。

多年来，**多氟多打开了人才齐头并进的晋升通道。以行政序列、工程技术序列、专业序列和技能序列四个人才晋升通道为依托，形成了百花齐放的人才成长新景象**。以多氟多学院为基础，以联合办学为补充，为基层人才赋能，提升操作技能；成立河南化工专业中级职称评审委员会，为中级技能人才提供成长机会；设立"国家博士后科研工作站"和"河南省技能大师工作室"两个平台，为吸引和对接国家高科技人才、承担国家级重大科研项目和高技能领军人才传承绝活、绝技提供支撑。

作为培养人才、造就人才、成就人才的摇篮和基地，多氟多已经形成了人才新格局。截至 2018 年，16 名领导干部全部取得高级职称，其中 3 人享受国务院特殊津贴，2 人享受省政府津贴，国家"百千万人才工程"专家 2 人、行业领军人才 3 人、教授级高级工程师 5 人、省学术技术带头人 1 人、技术能手 2 人，拥有高级工程师 31 人，各种高级专业人才 40 余人。1600 余名专业技术人员支撑多氟多在技术创新的道路上披荆斩棘，1000 余人常年坚持参加合理化建议活动，10000 余条合理化建议推动多氟多在技术、管理、运营、市场等方面持续进步；1700 余名员工成为干细胞骨髓库捐献志愿者，其中 16 名员工骨髓配对捐献成功，用 20 年的奉献精神，铸就多氟多伟大的爱心力量。简而言之，多层次人才梯队铸就了多氟多健康发展的平台。

一个时代有一个时代的追求，一代人有一代人的担当。多氟多人才成长环境已经发生质的飞跃。很多人一改"一张文凭用到底"，通过自学让手中的文凭含金量大增、升级换代；从企业内训转向邀请外部专家、大师授课，从被动学习转向努力学习，从自我提升到主动融入公司发展，从看别人创新到自己主动创新……个人成长完全融入组织成长之中，形成相互拥抱、共同成长的良性氛围。

多氟多特别重视实践出真知，重视实干兴邦、实干兴企、实干兴业。多氟多平台宽广、渠道通畅、土壤肥沃、政策到位，为大家打开了奋斗的空间、创新的天地。领导班子都在各自的领域做出特殊贡献，形成开拓型团队，多氟多正在形成全球化思维。

企业输出的不仅是产品，还为社会提供优质产品和服务的人才。围绕人才资本，多氟多对资金、项目、岗位、目标、市场等资源进行配置与定位，这是人才体制机制创新的体现。多氟多用识才的慧眼、爱才的诚意、用才的胆识、容才的雅量和聚才的良方，营造了人人皆可成才、人人渴望成才、人人努力成才、人人尽展其才的良好氛围；以员工导师制、岗位流动制克服职业倦怠、人才断层的弊端，以沟通无障碍、激励有创意、修人先修路、相马更赛马等方式集聚人才，形成了多氟多寻觅人才求贤若渴、发现人才如获至宝、举荐人才不拘一格、使用人才各尽其能的人才观。

二、一批自称能改变世界的人成就了多氟多

把任何东西做到极致，奇迹就会发生。多氟多依照市场经济规律，发挥技术和市场优势，实现氟化盐产业转移。白银中天化工有限责任公司和宁夏盈氟金和科技有限公司脱胎换骨，创造奇迹，培养出一批氟化工专家。

2018年9月27日，来自8个国家的38名专家齐聚多氟多，参加ISO/TC 226原铝生产，共同制定、修订氟化盐国际标准。会上一致建议下一届会议由中国同行接任秘书长和主席之职，希

望多氟多能够担当更重要的使命。

多氟多实现年产 10000 吨电子级氢氟酸达到 UPSSS 级水平，实现世界级产品中国造；抓住历史机遇，重组中宁硅业，形成干、湿电子化学品南北双基地互补优势，首次提出"氟硅分合"，并在半导体行业汇合，为芯片领域做出贡献。在此过程中，多氟多获得更多的是创新的自信心和产业报国的使命感。

新能源方面，多氟多从软硬件脱节到数字语言统一，再到虚拟与增强现实一体化，在锂电池细分领域掌握核心技术；新能源汽车方面，多氟多抓住窗口机遇，以"实体经济＋车联网"切入，以"人生伴侣、学习平台、智能终端"融入产业生态圈。

技术创新为多氟多转型发展打开一扇窗户，赢得了资本市场的青睐。得益于技术创新和资本市场的良性互动，多氟多积淀的发展成果赢得市场溢价，为转型升级、新材料突破、进军新能源提供了支撑。2018 年，多氟多登上 A 股上市公司创新指数百强榜，荣获"最佳持续投资价值奖""行业领军企业""勇立潮头榜样企业"和"中国动力电池技术创新奖"。

多氟多坚持以"一个灵魂、两化支撑、三大新兴产业"为企业和谐共生的产业链，以技术创新为灵魂，从元素周期表中挖掘氟、锂、硅三个元素背后的逻辑，分析其内在关系，不断打破壁垒，创造神奇；以信息化和金融化为支撑，应用数字化思维和新金融时代的智慧工具，多渠道融资，形成良性互动，推动运营转型；在新材料、新能源和新能源汽车三大新兴领域创新突破，深耕以氟硅新材料、锂电新材料和半导体新材料为主的新材料体系，使"护城河"更深厚、"根据地"更坚固，逐步形成节能、储能、制能一体化研发，以解决微出行为目的，融入未来出行生态圈。

三、一个人的梦想是梦想，千百万人的梦想就是现实

科学首先在于分类。多氟多围绕"一个战略"，实施"两个转型"，以"三智工程"为抓手，贯彻执行"二十四字"管理方针。

"一个战略"是指"积极发展新材料、有序发展新能源、稳健发展新能源汽车"。

"两个转型"是数字化转型和运营转型。数字化转型是从数字化车间到数字化工厂，再到数字化公司，从数字化设计到数字化产品，再到数字化市场，通过数字孪生、模拟制造提高工作效率，降低试错成本。借助360度全覆盖监控系统、ERP经营数据可视化，建立生产运营管理驾驶舱。提高情商、智商、数商，以数字化素养支撑多氟多全面数字化提升。运营转型，发挥与众不同的市场化程度和运营能力，组织整合资源，对标一流企业，树立全球化思维。运用数字化转型，使重资产向轻资产过渡，从卖产品到卖服务，再到提供综合解决方案，实现运营转型。

"三智工程"以"智才集聚"为支撑，以"智能制造"为手段，建设管理现代化的"智慧企业"，出发点是客户需求，落脚点是价值创造，方法是以数字化转型驱动运营转型。智慧企业通过数据—知识—智慧的跃迁实现数据资源为企业赋能，为设备运行提供精准执行，为经营管理提供科学决策。人和智能机器在系统中认知学习、分析决策、交流知识、自主执行，实现深度迭代，提升企业智慧能力。智能制造应用感知、传输、存储和大数据处理等技术，实现生产线数据的量化感知、互联互通和集成应用。智才集聚是培养以信息技术、智能技术和创新技术与管理、运营、财务等业务互通的复合型人才，通过垂直洞察、横向

贯通、掌控全局的信息技术，发挥管理驾驶舱科学决策的作用。"三智工程"重点关注端、管、云，通过数字管道实现应用端与云计算传输的畅通。以持久战心态和攻坚战决心，对前沿技术时刻保持高度敏锐性，以开放心态、共融共享胸怀，打造新时代"三智工程"。

"二十四字"管理方针即"集中控服、专业经营，系统多维、互联互通，价值创造、智慧担当"，它赋予时代以新内涵，是数字化思维的结晶，是思想智慧碰撞的结果。多氟多提升技术、管理、文化、市场、平台等资源整合、配置和服务的能力，以及在不确定性中创造确定性的能力；为专业经营培养肥沃的成长土壤，激发法人主体单位，深挖潜力，快速壮大；发挥数字化智能作用，对人、财、物、产、供、销和信息进行数字化采集、分析、输出，通过管理驾驶舱横向贯通、纵向集成的综合功能，实施科学决策；所有创新、创造都以价值为核心，个人价值和企业价值都以为客户创造价值为前提，最终为社会创造价值。多氟多人认为，除了有担当、有作为，更要有智慧，只有拥有智慧的人，在智慧的平台上，才能为社会提供更好的服务。

在多氟多，人人皆可成才。与多氟多一起奋斗，每个人都能成为自己渴望成为的那个人，与多氟多一起成长，共同成就一个伟大的多氟多！

第二节
人才是招聘来的，更是培养出来的

随着工业化的快速进步，科技的迅猛迭代，产品越来越便宜，人才越来越贵；资源越来越趋于共享，人才越来越稀缺。随着社会结构从物质架构向知识架构转变，人力正在超越土地、技术、设备等成为第一生产力。

人才是多氟多由氟化工转向新能源、新材料的中流砥柱，是多氟多发展的基石。 技术研发是一批又一批优秀的人才在主导；并购重组是外派人员和原企业人员有效沟通、快速融合的结果……然而，对于优秀人才究竟是招聘来的还是培养出来的，却是众说纷纭。

人才对于企业的重要性不言而喻，对多氟多而言也是如此。因此，做好人才的选、育、留、用，是包括多氟多在内的所有企业的重中之重。那么在多氟多，人才究竟是招聘来的还是培养出来的呢？

一、始于招聘，而不终于之

随着新能源、新材料的快速发展，多氟多的人才需求呈现井喷式增长。纵观多氟多近年来的招聘，人力资源部每每全员上阵,奔走一线,校园招聘、网络招聘、微信招聘……为了满足各个部门的人员需求,他们可谓煞费苦心,身心俱疲。在人力资源部的努力下,人员数量确实上去了——白银中天化工有限责任公司半年招聘了280多人,宁夏盈氟金和科技有限公司半年招聘了70多人。虽然人员数量到位了,可是"质量"如何——其中人才究竟能有多少呢?多少人才能够留下?他们能够创造多大价值?无不值得每个人潜心思考。

现实中,有些新入职员工学历很高,受过良好教育,但是进入多氟多后,不经领导点拨很难融入团队,难以成为多氟多优秀员工中的一员。其实,这种情况在各行各业都屡见不鲜。对于管理者而言,幻想新员工一上岗就能独当一面是不现实的,要求新员工一入职就对自己心悦诚服是不合理的,更不要强求员工为团队牺牲、为企业奉献。想要赢得员工的尊重和信任,必须了解员工的期望,将关心、爱护变成一种职业习惯,为他们的职业发展负责,像师父指导徒弟一样用心,像长辈帮助晚辈一般用情,甚至为他们所犯的错误担责。**对于一个企业来说,最大的悲剧莫过于员工慕名而来却因主管领导无方而离职**。白银中天化工有限责任公司氟化锂项目顺利启动并达产达标,宁夏盈氟金和科技有限公司电子级氢氟酸提质改造,新员工都在其中立下汗马功劳。

从某种角度说,招聘也是门技术活。**招聘到人员容易,招聘到人才难**。招聘官得有一双伯乐一般的慧眼,善于观人、识人,才能实现"天下英雄入吾彀中矣"的目标。换言之,打铁先要自身硬,招聘官必须具备招聘专业技能,懂得素质测评标准,了解应聘面试技巧,掌握招聘决策方法等。招聘官同时应该明白,应聘者应聘的过程也是一个挑选企业的过程:既看企业的实力与愿景,又看招聘官的言行与举止——前者相关信息大多能从企业官网上获得，后者则只能通过现场体验，招聘官的言行与举止在某种程度上代表着企业文化。可见，人才招聘着实不易。

二、重在后天，不吝于培养

不管是校园招聘还是社会招聘，抑或熟人介绍，一个人既然选择了多氟多，一定是因为多氟多有什么地方吸引到他——是22个国家级项目的号召力，还是亲朋好友晒出的在多氟多工作的幸福感，抑或其他？答案不一而足，但是有一点可以肯定，他是带着梦想和追求而来，意识到人生在世，唯有做点儿有意义的事才不枉此生。当一个人带着这些目标走进多氟多，多氟多拥有的实力和领导展现的魅力，就成为吸引人才踏实肯干、安心扎根、勇创佳绩的重要动力。而要真正实现从"人员"到"人才"的飞跃，一切才刚刚开始。

梅花香自苦寒来。人才成长从来不能一蹴而就，在攀登的过程中，没有隐忍与沉淀，缺少坚守和执着，成就也会对人敬而远之。入职多氟多后一段时间就离职的人不在少数，也有部分人凭借坚定的信心和顽强的精神坚持下来，通过自身的不懈努力，以成绩说话，赢得了领导的赞许和同事的敬重。上任不久的六分厂厂长李永涛，白银中天化工有限责任公司氟化锂车间的栾紫祥、张元生，宁夏盈氟金和科技有限公司氟化氢车间的龚新宝等，都是入职新人的楷模，他们业已证明了自己。而在这背后，多氟多付出尤多。

多氟多坚信，招人容易培养难，如何将人员转变为人才方是重中之重。 因此，不遗余力加强人才培养是多氟多永不放弃的重任。多氟多始终认为，人才永远是企业发展的首要资源，只有当企业的每一个岗位上都有人才时，这个企业才算真正拥有人才。

学历高并非人才，不同岗位需要不同的员工，想要每个人都能成为人才，关键在于企业能否为之提供人尽其才的岗位；道德水平和价值追求也是衡量人才的标准，懂技术没道德不是真正的人才，过分追求名利和金钱的人离开反而是件好事。

多氟多一直致力于建立自己的"人才池"。人力资源部部长王千金曾在中层干部会议上做过分享，针对不同岗位的人员，有不同的培养机制和不同的晋升路径。在多氟多，多数部门都重视人员培养，师带徒、老带新……各种措施开展得有声有色，都是为了保障员工不断成长、得到提升。特别是分子公司，各自建立了自己的干部梯队培养机制，在党员骨干中选拔干部；机制与总部实行一体化管理，统一标准、统一考评、重点培养，实现人才长远发展。

多年来，多氟多竭尽全力地为人才提供各项优惠政策，例如每年的职业等级认定、职称评定、师带徒津贴、导师补贴等，旨在使每个多氟多人都认识到人才培养的重要性，让每个多氟多人都有不断提升的机会，取得良好的效果。

栽下梧桐树，留住金凤凰。人才招聘与人才培养是一项系统性工程，单靠人力资源部一个部门的力量远远不够，也不可能取得全面成功，它需要各个部门通力配合，所有人贡献智慧，为人员招聘出工出力，为人才培养献计献策。对于多氟多来说，针对不同类型的人才加以培养，需要完善薪酬体系、畅通晋升空间、创新智慧平台……形成一套切实可行的人才培养机制与方案。人才是招聘来的，更是培养出来的，留住人才，用好人才，多氟多还在路上……

第三节
人才竞争，既是争夺战，也是经营战

近年来，随着新增产能的不断落地和业绩的大幅增长，多氟多对于人才的需求如饥似渴，各分子公司和职能部门四处出击，都在迫不及待地寻求优秀人才加入。这种需求既是新增业务对于高质量增员的渴望，更是多氟多提高团队整体素质和工作能力的必然选择。

然而，理想很丰满，现实很骨感，多氟多的人才引进依然面临诸多挑战。有时录取的人员尚未到位，岗位原有人员已被其他企业挖了墙脚，让主管领导措手不及；多氟多位于经济相对不发达的三四线地级市，即便招聘时承诺给予同级别上市企业的薪酬待遇，也经常因为地域劣势而失去竞争力……因此在企业重要会议上，从董事长到总经理等各级领导几乎每次都要督促各主管领导抓好人才管理，寻求更多外部高级人才加入。其实，无论是站在企业的管理维度上还是部门的发展需求上，以什么样的条件吸引"高手"加盟并长期助力公司发展，似乎不仅仅是简单的薪酬问题。市场上的优秀人才是有限的，用高出竞争对手的薪酬承诺这一"简单粗暴"的方式吸引人才，且不说高薪招来的人才能否给力，单就个别人员高薪造成原有团队成员在薪酬上互相攀比，以及可能导致的整体薪酬水平不断提高，都可能使企业陷入"胜利者的陷阱"——过高的薪酬抵消了企业原有的来之不易的竞争优势。

多氟多由此认识到,自己面临的不仅是人才争夺战,而且是人才经营战,只有制订适合多氟多长期战略的人才经营计划,才能在这场"战役"中立于不败之地。

一、人才引进和人才培养,两手都要抓

企业重要岗位空缺,或者重要业务发展受阻,从理论上讲,最为简单快捷的解决方式就是引进外部人才,以迅速满足岗位需求和业务需要——遗憾的是,多数情况下,这恐怕只是一种理想状态,实际状况可能是:联系 10 个人,只有 3 个人前来面试;面试 10 个人,只有 3 个人签订合同;签约 10 个人,只有 3 个人转正;转正之后,个人展现出来的能力是否符合企业预期?个人能否适应公司的企业文化和战略定位?个人是否愿意与企业共同进退、实现长远发展……诸如此类不确定性都指向一点:引进人才的机会成本和时间成本高得令人抓狂,且不论高端人才的薪酬成本。

多氟多深知这一点,为了保持可持续发展,在高端人才引进方面一直不遗余力。都说高端人才可遇不可求,要讲缘分。多氟多大力倡导主管领导保持开放的心态,培养敏锐的人才嗅觉,"缘分"主动找上门来,绝不放过;鼓励推动主管领导"走出去",积极创造"缘分",在日常对外交流、访问、座谈等活动时发现符合要求的人才,主动出击,代表企业抛出橄榄枝。为了落实人才引进工作,使人才引进更加有的放矢,多氟多为管理层制定了人才引进任务,并作为业绩考核的指标之一付诸实施。

高端人才引进做得好会立竿见影，骨干人才培养做得好才是企业的百年大计。**多氟多将企业的人才体系看作一座金字塔，并且深知这座人才金字塔的高度和宽度取决于位于塔基的广大骨干员工的整体素质。**这些骨干人才决定了多氟多在行业里的地位与竞争力，如何提高他们的专业能力，培养他们对企业文化的认知，增强对企业的荣誉感并切实给予其更明朗的职业上升通道，是最需要多氟多上下悉心经营的大事。

二、基于公平，设计符合多氟多发展战略的人才薪酬体系

公平不是简单的平等。若只是简单地根据经营主体的当期经济效益派发薪酬，未必是真的公平；为了体现所谓公平，对所有员工一视同仁，即用简单的利润指标进行分配，实际上是一种不作为的人才经营方式——简单的平等是"大锅饭"，是最大的不公平。

在多氟多，人才培养基于经营，基于业务，基于业绩增长。针对量化人才的价值，多氟多有一整套系统的考核评估体系，人才的培养方式、培养目标以保证人才生产线为目的，基于多氟多长期发展的需要。差异化代表资源的不均衡分配，在实践中，为企业创造战略价值的员工理应获得更多激励，薪酬应该向他们倾斜，这才是真正的公平。例如多氟多新能源科技有限公司，其盈利能力曾在很长一段时间内弱于其他板块，是否应该就此否定锂电人才对于多氟多的重要性？是否就要给予他们最低的薪酬待遇？答案显然是否定的！恰恰相反，该公司核心人才的平均薪酬超过了多数分公司、子公司，因为它代表了更加广阔的市场、更为光明的前途、更高的市盈率……这一逻辑像极了资本市场给盈

利能力相当的上市公司截然不同的估值——在营业收入相当的前提下，有的传统制造企业常年保持几十亿元的利润，但是市值远远比不上处于盈亏边缘的新能源企业，原因在于后者代表了更加广阔的市场和更为光明的前途，投资者看中的是未来的预期。

三、培养团队驱动力，为团队培养人才

人才是企业最核心的资产，对多氟多来说也是如此。优秀的管理者既要出业绩，也要出人才，将每一个下属都培养成另一个自己乃至超越自己，才是最优秀的管理者，是名副其实的管理人才。对于各级管理者而言，工作重点其实不是自己的能力提升和职业成长，而是团队成员的能力提升和职业成长。如果团队中每个人都能进步，管理者自己也会不断进步，从而实现共同进步。"救火队员"有时并非贬义，当一个管理者只是偶尔作为"救火队员"出现，其他时候多是团队作为主力时，管理者才有更多的时间和精力为团队、为管理、为战略思考……一个强势的领导往往带着一个效率低下的团队，团队人员被剥夺了试错和学习的机会，自然永远无法成长，与人才的标准更是差之千里。

自我学习能力和自我管理能力强的团队成员是一个宝贵的财富。当然，这类员工也是可遇不可求，多数则需要管理者加强引导，驱动成长。对此，多氟多也已积累不少经验。对于自我管理能力不够强的员工要试压，使其走出舒适区，鼓励他们在原有能力和优势的基础上，扩展能力边界，扩大优势范围，不断学习新知识、提升新技能，设定更高的目标，以压力推动他们持续成长；对于学习能力不够强的员工要多支持、多鼓励，要为他们提供方法和资源，必要时甚至手把手地示范，要善于观察每个人取

得的每一点进步并给予最及时的鼓励,要敢于给他们试错的机会,这种良好的工作气氛和成长环境特别容易激发团队成员的积极性和创造性,从而提高团队整体的战斗力。

人才竞争,既是一场争夺战,也是一场经营战。这场战役永不停歇,既需要战术,也需要战略。

第四节
厚植沃土，培育人才森林

再优良的种子若没有肥沃的土壤也无法生根发芽、开花结果，再优秀的员工若没有良好的成长环境也无法崭露头角、创造佳绩。多年来，多氟多时有员工离开，原因林林总总。**管理理论普遍认为：入职 1 个月离职，与 HR 关系较大；入职 3 个月离职，与直接上级关系较大；入职 6 个月离职，与企业文化有关；入职 12 个月离职，与整体薪酬有关；入职 36 个月离职，与职位晋升有关；入职 72 个月离职，与企业提供平台和自身发展有关**。这种看法不无道理。钱的因素固然重要，但它只是客观因素；人的因素才是关键，因为人是感性动物，心理感受决定人的选择，一旦心里委屈，可能给多少钱都无法把人留住。

多年来，多氟多始终不遗余力地厚植人才成长的沃土，矢志于让每个多氟多人都能独当一面。根深叶茂，万木争荣，则多氟多人才的森林必定郁郁葱葱。

在多氟多，"公平"二字人心所向。为此，企业积极营造公平竞争、积极向上的氛围，调动每个人的积极性。张瑞敏说："人人是人才，赛马不相马，给每一个愿意干事的人才以发挥才干的舞台。"多氟多要求每个管理者都要克服主观意志造成的认知偏见，以标准化流程公平地对待每个团队成员，使其享有公平竞争的机会。通过这种方式，所有人的工作热情和潜能都被激发出来，有才华的人最终脱颖而出。

经过30多年的发展，多氟多形成了较为稳定的人才金字塔结构。工业时代，人才金字塔结构的优点显而易见，秩序井然、层级分明、分工明确、效率极高。进入数字时代，人才金字塔结构的缺点逐渐暴露出来，它显得过于封闭、层级严密、内生严重，对于创新极为不利；"塔尖"空间狭小，只能容纳少许人才，不利于壮大顶层力量……针对人才金字塔结构的缺点，任正非就曾提出，要把人才金字塔的顶端"炸开"，无限扩大外延，使内生的领军人物辈出，让外延的天才思想云集。对此，多氟多也采取了类似措施，作为董事长的李世江不断尝试横向管理，破除封闭空间，让更多的人才涌现出来。

多氟多全力以赴，激发员工的自信心和工作热情。樊登读书会创始人樊登在其著作《可复制的领导力》中提出一个观点：一个好的团队，其中80%的人能得到80分，证明这个团队的整体素质已经很高，这个团队就算是优秀团队。多氟多是部分认可樊登这一观点的。如果要求每个员工都达到120分，显然是"不可能的任务"。在此过程中，必定有不少员工面对无法逾越的鸿沟，开始怀疑自己的能力，变得心灰意冷，进而隐藏工作热情，甚至对工作畏首畏尾——即便他们本来非常优秀。80分的目标反而更为实际，尤其是针对新进员工和初创团队。在这一目标之下，大家都会积极参与，员工的自信心和工作热情都会得到充分的激发。在此基础上，以"更上一层楼"的心态，制定超越自己能力的目标，比如80%的人达到100分，20%的人超过100分——以循序渐进的方法，打造这样的团队，才更有机会创造奇迹。员工原发性的自信心和工作热情完全激发出来之后，再通过目标考核和激励措施进一步调动其积极性，把激动人心的目标和超级丰厚的奖励结合起来，碰撞出震撼人心的效果。

构建共同成长平台，创造更多成长机会。秉持"建一个项目、培养一批人才"的理念，多氟多竭力以项目建设推动人才培养，取得显著效果。早些年，无水氟化铝项目上马，多氟多要求所有本科生都到生产线上去，当时的吴林、邹英武脱颖而出；2009年，多氟多成立六氟磷酸锂项目工作小组，李云峰任组长，组员有于贺华、赵永锋、王泽国、闫春生，他们都已成为公司骨干。**人才成长往往由两大因素促成，一是能力，二是机遇。事业能否成功，这两大因素缺一不可。**在多氟多，同一时期进入公司的员工后期发展差异明显，要么因为能力高低有别，要么面对机遇时做出不同的选择。常言道，机不可失，时不我待，能力稍低可以通过后天努力弥补，如果仅仅因为未能抓住机遇而失去成才的机会，殊为可惜——遗憾的是，这种情况在多氟多并不鲜见。目前，多氟多项目建设全面铺开，对所有多氟多人来说都是难得的锻炼机会，在此过程中，企业始终愿意给新进员工更多的机会，每个项目都选定人才团队，使之从项目建设到投产一路跟踪，旨在培养更多技术研发、生产管理、工程管理等方面的人才。

增强企业文化认同，加大人文关怀力度。"同企业一起成长"是多氟多的人才理念。在多氟多，新进员工有个统一的称呼：学生——像学生一样服从管理、遵章守纪、精心操作、勤奋工作，不断学习、不断成长；企业则像家长一般，让多氟多这个大家庭不断发展壮大，使员工都能站在一个更高的平台上，看得更高，望得更远。逢年过节，企业都对新进员工嘘寒问暖，约谈心、请吃饭，让人心头很暖、眼中有光，前几年企业还曾安排每个领导担任新进研究生的导师,效果明显。近年来,虽然具体做法上有所变化,但是这一传统仍在延续,继续传递多氟多的人文关怀。

多氟多正处于高速发展期,引进人才并留住人才是重中之重。从创造公平、积极的成长氛围到构建以项目为载体的发展平台,从配套有效的目标激励手段到加大人文关怀……多氟多正在厚植人才成长的沃土,让多氟多的人才队伍由"木"到"林",再到"森",可以想象,多氟多后续的发展动力将会更加强劲。

第五节
人才思考：人是最重要的资源

什么是人才？不同的历史阶段有不同的标准。封建社会，读书中举、做官为仕是人才；战争年代，运筹帷幄、能征善战是人才；和平时期，治国安邦、推动社会发展是人才。

在我国，"人才"是一个不断发展的概念。1982年，我国确立的人才标准是"具有中专以上学历和初级以上职称的人员"；2010年，党中央、国务院颁布的《国家中长期人才发展规划纲要（2010—2020年）》中提道："人才是指具有一定的专业知识或专门技能，进行创造性劳动并对社会作出贡献的人，是人力资源中能力和素质较高的劳动者。"随着时代的发展，人才标准逐渐体现德才兼备的原则，把品德、知识、能力和业绩作为衡量人才的标准，不唯学历、不唯职称、不唯成分，为人才工作指明了方向。

不论是国家、地区还是企业，想要获得长足发展，人才是第一资源，而且是不断增值的资源。人才问题是重点问题、关键问题、战略问题。

焦作市因煤而立，因煤而兴，近年来因煤炭资源枯竭，遂向其他行业转型。焦作市过去叫牛角川，地域狭小，观念落后，如今聚集四面八方的人才，才有今天的发展机遇。

21世纪的文盲不是那些不会读书写字的人,而是那些不会学习、不会忘却过去、不会重新学习的人。给人们制造麻烦的往往不是未知的东西,而是已知的东西。

企业成功经营,不只靠技术设备好、资金多、信息快等,更重要的是依靠能够有效掌握并能很好地利用这些资源的人。知识经济是一种新型经济,所需人才也是新型人才。旧观念对人的束缚根深蒂固,没有非凡的睿智、境界和勇气,很难在用人方面有所突破,必须摒弃在用人方面的旧观念。

企业发展进入关键时期,拼命学习、努力提升、用好人才是关键,要敢用有特长的人,对人才不求全责备。领导的主要工作要放在用人上,经营企业,首先要经营人才。

人才管理的最高境界是创造一种企业文化和运营机制,使员工心甘情愿地为企业工作,而不是靠监督、考核、约束、奖惩等。能人之所以难管,是因为其在很多情况下对管理者的能力和方法不买账。企业要有一种干事创业的氛围,好的企业文化能够让各种人才发挥各自的作用,实现自身价值。

员工要同企业一起成长。只有重视员工的个人价值,给予员工精神和物质上的认可,形成统一的价值观,个人价值和企业价值融为一体,员工才会推动企业这艘"大船"劈波斩浪、勇往直前。

多氟多始终坚信并努力践行"人是最重要的资源"。

每个企业面对社会时都会面对三种资源:一是人力资源,二是自然资源,三是社会资源。人是生产力中最重要、最活跃的因素,对企业来讲主要表现在科学技术上,生产力是人与劳动工具,表现为人与物质世界的关系。特别是掌握科学技术的人,他们是最重要的人力资源,也是最重要的生产力。

第七章 人才：组成攻城拔寨的"主力军"

企业的工作就是搞好人的优化组合，做企业首先要把人训练成掌握科学技术的人，然后将这些人组合起来，开发好物质资源。企业应主要做好两件工作：一是岗位责任制，二是经济责任制。岗位责任制讲的是分工，经济责任制讲的是物质分配。要做好这些工作，必须充分发挥企业计划、组织、指挥、协调、控制五种职能，把握好企业的十个要素。对于多氟多来说，十个要素包括：董事会、股东会、监事会三要素，人、财、物三要素，产、供、销三要素，最重要的要素是信息和技术。管理和利用好这些资源，多氟多就能健康发展。

简而言之，人是企业发展的决定性因素，是最重要的资源。因此，多氟多的人才观表现出独具特色的一面。

一是进口关既要把好也要放开。在人才的选用上既要严格，也要不拘一格，更要放得开，正确认识人才的流动性。人才流动是正常的现象，企业要有选用人才、承担风险的勇气和胆魄。

二是对引进的人才"睁一只眼闭一只眼"。针对引进的人才，优点要用放大镜去看，把优点放大，缺点要用显微镜去看，把缺点缩小。针对新进的人才，特别是大学生，要给予更多的包容与关爱，引导老员工正确看待，使老员工理解"前人栽树，后人乘凉"的道理，并以年功工资的方式对老员工进行补偿，使他们能找到各自利益的平衡点，以源源不断地引进人才。

三是人才培训工作不放松。人才不但要培养，更要训练，企业必须对人才训练工作足够重视，通过训练调动个人最大的积极性，发挥个人最大的能动性。

四是推行思想共享与精神共享。多氟多在人才管理方面积极推行思想共享，以之作为构建和谐劳资关系重要的途径，既要有思想上的共享，还要有精神上的共享，为此给员工搭建一个诉求的平台，倾听员工的心声，对提出合理化建议的员工进行奖励和鼓励。企业敢于开放和共享，企业员工共同成长，使每个人都获得成功的自豪感，那么企业一定会焕发出强大的生命力。

这就是多氟多的人才观。

第八章

党建：打造优秀队伍的"冲锋号"

第一节
思想领先和作风领先，宣传工作两手都要硬

多年来，多氟多一直坚持召开宣传委员会工作会议。宣委会成员努力工作，使多氟多宣传的平台越来越大，承载的力量越来越强，传播的速度越来越快，多氟多的新形象也越来越深入人心。

坚持党的领导是宣委会工作的灵魂，是宣传工作的主旋律，这一点不会改变；宣传工作要有规划、有阵地、有活动，这是宣传工作的基础；宣传要为管理服务、为创新服务、为员工服务，这是宣传工作的核心。这三点要求构成了多氟多宣传工作的新常态。多氟多围绕市场、围绕新产品、围绕用户精准宣传，使新产品在市场上广受好评，通过多媒体手段让用户在第一时间体验到多氟多的新产品，并紧紧抓住用户的潜在需求以改进产品，让用户享受多氟多的产品和服务，不断提升多氟多的品牌影响力。这是多氟多宣传工作努力的方向和目标。

多氟多的宣传载体是为多氟多各事业部的运营服务的。各事业部充分利用好多氟多搭建的宣传平台，进一步加强宣传意识，使多氟多的宣传阵地能够听到各事业部的"炮声"，吸引用户的目光，寻找到目标用户。

宣传是一种生产力。宣传要有大格局、大规划、大活动，才

能有大效率。多氟多的宣传工作分为3个"三分之一":日常工作占三分之一,新产品、新项目宣传占三分之一,行业形象、社会现象宣传占三分之一。多氟多的宣传工作主要有三点要求。

一是以习近平新时代中国特色社会主义思想为宣传的主旋律。宣委会紧紧围绕十九大、二十大精神,宣传贯彻领会习近平新时代中国特色社会主义思想,并贯穿多氟多企业经营管理的方方面面,指导多氟多在新形势下找到新的灵感,引领多氟多始终走在正确的发展道路上,并持续创新,从跟跑、并跑到领跑,成为行业的佼佼者。

二是营造思想领先、作风领先的浓厚氛围,把人人争当思想领先、作风领先的表率作为新的追求。思想是灵魂,作风是表率。以新时代的新思想为指导,以优良的作风为引领,凝聚成巨大的正能量,共同成就一番伟业。营造人人争当思想领先、作风领先之表率的浓厚氛围,及时宣传不同岗位上涌现出来的思想领先、作风领先的典范,并作为学习的榜样,号召大家有目标地不断创新学习,推动各方面工作高效率完成。

思想领先就是观念、思维领先,能够站在新时代的新高度,有超越时代的智慧,对未来的发展趋势具备一种引领和指导的作用。在这种新思想的指引下,思想领先对战略目标和发展方向有巨大的推动作用和牵引力,潜移默化地成为人们的精神支柱和精神力量,使人们养成自觉行动的行为习惯。同时,让这种思想根深蒂固地根植于人们的心灵深处,使之自觉地沿着这种思想不断前行,并能随时爆发出巨大的能量和激情,向着既定的目标奋力冲击。

作风领先就是在新思想的统领下,具备务实、奉献、求真、创新的综合能力,能够深刻领会伟大事业和战略目标的内涵,结合自己的本职工作，制定切实可行、措施得当、科学有序的实施规划，有计划、分阶段、有目标地超额完成，并在此基础上以奉献、求真的态度持续创新。它与弄虚作假、好高骛远、无所作为、不敢担当、逃避责任是格格不入的。

思想领先是作风领先的灵魂和基础，作风领先是思想领先的根基和保障，只有将思想领先和作风领先融为一体，才能真正推动伟大事业不断朝着既定目标稳健前行。

三是宣传贯彻执行"二十四字"管理方针，推动"三智工程"建设稳健发展。多氟多提出的"三智工程"是一项与国家战略同频共振的长期性工程，是一项与世界一流企业接轨的战略性工程，是紧紧伴随多氟多从氟化工向新能源汽车转型的引领性工程。想要科学高效推进这一工程的实施，必须以"集中控服、专业经营、系统多维、互联互通、价值创造、智慧担当"的管理方针加以指导。"二十四字"管理方针凝聚了思想领先和作风领先的真正内涵，也蕴藏着思想领先和作风领先的辩证关系，为多氟多打造"三智工程"奠定扎实的思想基础和作风基础。其中"集中控服""系统多维""价值创造"彰显的是思想领先的精髓，"专业经营""互联互通""智慧担当"体现的是作风领先的妙处。两者融为一体，不仅成为指引多氟多前进的灯塔，更是指导多氟多行动的准则。多氟多的宣传队伍要结合时代发展的需要，不断升华管理的精髓和内涵，更加精准地指导企业创新发展。

多氟多已经发展到一个新阶段，站在新高度，宣传工作也要踏上新征程。加强思想领先和作风领先建设，两手都要硬，才能使宣传工作引领企业发展，发挥发动机的作用，从而在所要从事的伟大事业中发挥更大的作用。

第二节
"红色基因"造就"红色引擎","红色引擎"创造"红色力量"

一路走来,多氟多持续创新变革,不断转型升级,取得令世人瞩目的成绩。背后有什么方法?很多人在寻找答案。其实,作为多氟多董事长、党委书记的李世江早已给出完美的回答:"**党是怎么管理我们的,我们就怎么管理企业!**"

多氟多是一家具有"红色基因"的企业。2017年,多氟多旗帜鲜明地将"坚持党的领导"写进企业章程,由此多氟多便有了"红色基因",它融入每个多氟多人的血液中。根据企业章程,多氟多大力培养红色人才。多年来,生产经营技术骨干积极向党组织靠拢,成为光荣的共产党员;党员持续提升自己,成长为生产经营技术标兵;党员生产经营技术标兵更进一步,成为企业经营管理人员……迄今,多氟多已有500多名优秀员工光荣加入中国共产党,其中80%活跃在技术、管理、生产、市场等重要岗位,20%进入管理层,他们主动承担责任,成为党建文化勤劳的服务者、忠诚的守护者和坚定的传播者,让"红色基因"薪火相传,像"红色引擎"一般释放澎湃动力,成为企业不断前进的核心力量。

习近平总书记指出:"是否具有担当精神,是否能够忠诚履责、尽心尽责、勇于担责，是检验每一个领导干部身上是否真正体现了共产党人先进性和纯洁性的重要方面。"对于党员来说，既要勇于担当——在其位谋其事，也要敢于担当——打铁还需自身硬，还要善于担当——工作方法多样化，成为一个真正有担当的人。**在多氟多，成为一名党员，拥有一种新的身份，就意味着新的担当。**这是一种责任，也是一种动力。有多大担当就能干多大事业，尽多大责任就能有多大成就。正因如此，多氟多人，尤其是党员干部无不带着责任干事，真心谋事、用心做事，珍惜多氟多这个舞台。

将"坚持党的领导"写进企业章程，多氟多打造出党建与管理融合发展的新型管理模式。在多氟多，公司重大决策、重要干部任命等，都要征求党委意见，接受党委指导和监督。通过这种方式，多氟多始终不会脱离党的领导，确保企业始终沿着正确道路前进。在工作实践中，党委领导要到管理层兼职，同时吸收董事会成员、经理、业务骨干进入党组织——交叉任职有助于实现优势互补，使党建和管理各具特色，同时焕发出勃勃生机。

小成功靠个人，大成功靠团队，长久成功靠跟党走。多氟多从一个地方小厂发展壮大为行业龙头，历经30年风风雨雨，始终坚持把党的领导放在首位，解放思想，守正创新，才有了多氟多的今天。李世江多次表示，中国共产党的领导是中国特色社会主义最本质的特征，中国共产党治理国家的成功经验是可以复制到企业管理中去的。得益于党的领导，借助改革开放的春风，多氟多迎来一个好时代，要感恩祖国，感恩党。党旗红，则企业兴。党建引领给了多氟多管理企业的灵感，成为多氟多的制胜法宝，构筑起坚不可摧的红色堡垒，帮助多氟多在科技创新的路上一往无前，开创了一条科技创新的金光大道。

第八章 党建：打造优秀队伍的"冲锋号"

有"红色引擎"作为支撑，多氟多的"红色力量"澎湃汹涌。党委发挥模范带头作用，党员干部身先士卒，以党建为抓手，不断优化服务，从思想意识、情绪管理、工作氛围、生活需求等方面着手，把脉员工所思所想，满足员工各种要求，真正帮助他们解决工作和生活中的后顾之忧，使之全心全意投入事业。

多氟多可谓将"坚持人民至上"这一中国共产党百年奋斗的宝贵经验活学活用：围绕员工福利待遇，挖掘员工真实需求，加大员工教育经费、工会经费等支出；重视后勤服务，注重衣、食、住、行、浴、医疗健康、文化教育、家政服务、代际融合、人文关怀……真心实意为员工办好事、办实事，让发展的红利惠及每一位员工，多氟多同样受益良多。员工的安全感、获得感、幸福感、使命感增强了，自然心往一处想、劲往一处使。

多氟多一直致力于将党建转化为生产力和推动力，通过党建增强竞争力和创造力。在企业党委和全体党员的带动下，创新在多氟多蔚然成风，如同一颗火苗点燃每个多氟多人心中对于未来的渴望。最终，党建文化带动企业发展，形成了一套行之有效的党建创新体制和发展模式，党组织化身为多氟多不断前行的坚强后盾和不竭动力。

得益于良好的党建氛围，多氟多党建工作蒸蒸日上，成绩斐然，多氟多党委先后荣获"全国先进基层党组织"等多项荣誉，党委书记李世江被评为"全国优秀党务工作者"，企业党建展厅被上级部门确定为"河南省工商系统非公党建工作省级联络点""河南省民营经济人士理想信念教育基地"……

不止一人问过李世江，一个非公企业为什么重视党建工作？他总是回答："我想反问一句，我们为什么不重视，我们怎么可能不重视？办中国的事必须有中国共产党的领导，中国共产党只有信仰人民才能领导人民。我们办企业也应当相信群众、相信党,不然就什么事情也做不成。"多氟多依靠党依靠群众,汲取我党宝贵经验,尊重群众首创精神——这是多氟多创新发展的宝贵财富。

第三节
三十年初心不改，党建功不可没

业已过去的三十年，是多氟多实现从十亿元到百亿元跨越的三十年。万千多氟多人牢记使命、初心不改、乘风破浪、砥砺前行，风雨兼程、拼搏奋进，斗志昂扬、一路荣光，取得了令人瞩目的成绩。回顾过去三十年的发展历程，多氟多人深刻地体会到，这些成绩离不开中国共产党的领导，是与国家战略同频共振、与时代发展同向共行的结果；党组织是多氟多的坚强后盾和发展动力，党建做实了就能转化为生产力、推动力，党建做强了就能转化为竞争力、创造力；党建引领是多氟多的制胜法宝，"听党话、跟党走；党旗红、企业兴"的信念和决心更加坚定。

党的十八大以来，多氟多坚持以高质量的党建引领企业高质量发展，坚持将党的领导融入企业经营管理全过程，坚持把党的红色基因和企业的创新基因融为一体，使"听党话、跟党走"成为所有多氟多人的思想，融化在血液里，铭刻在心灵深处。可以说，多氟多三十年来的发展正是按照党建的要求践行初心使命的结果，多氟多每一次进步都建立在认真学习领会党的方针政策的基础上，以此获得企业发展的灵感，用先进的思想武装自己，并将之转化为企业发展的动力。正如红色基因是中国共产党的核心生命力，传承红色基因已成为多氟多独具特色的核心竞争力。

三十年来，多氟多始终秉持"党中央决策部署到哪里，党建工作就开展到哪里，党组织和党员的作用就发挥到哪里"的工作理念，在集团党委的领导下，建成了由4个二级党委、27个党支部、500余名党员组成的党组织，实现企业全面覆盖；将党的领导融入企业治理各个环节，使党组织的政治属性更加鲜明、党员干部的示范表率作用更加明显，形成了各司其职、各负其责、齐力共抓的良好局面。从广西到云南，从西南到西北，多氟多把党建引领融入血脉，将忠诚担当注入灵魂，并使之蕴藏于工作的每一个细节。在各方努力之下，多氟多党建工作取得累累硕果：建立了具有特色元素、具备地域特点的非公党建品牌，打造了"党建展厅"，丰富了"红色家园""企业党校""党建墙""职工书屋"等党建阵地，开展了红色教育活动，提升了党建工作的规范化、标准化水平；企业党组织被评为"全国先进基层党组织"，集团党委书记、董事长李世江被评为"全国优秀党务工作者"，企业党建展厅被上级组织部确定为"河南省工商系统非公党建工作省级联络点""河南省民营经济人士理想信念教育基地"，接待了来自全国各地的政府、学校、企事业单位同人参观学习600批次共20000余人次，擦亮了多氟多党建的"红色名片"……如今，党建引领已成为多氟多开展各项经济工作的基础，以党建这块"金字招牌"，多氟多凝聚了创新发展的强大力量。

加强党建工作，党员干部教育是关键。 为此，多氟多做了大量工作：认真学习领会习近平总书记关于全面从严治党的一系列重要论述；不断完善教育培训的组织形式和教学方式，先后前往河南省开封市焦裕禄纪念馆、江西省井冈山、河南省安阳市红旗渠，以及山西省、宁夏回族自治区、甘肃省等地的红色教育基地参观学习；持续开展"亮身份、亮职责、亮承诺"志愿者服务活动，切实为群众办实事、解难题，让党心、民心更加心贴心；扎实开展"三严三实"专题教育、"不忘初心、牢记使命"主题教育、党史学习教育等党内集中教育；邀请专家、教授上专题党课，坚持集中培训、集体学习、个人自学与组织生活、实践锻炼有机结合，灵活运用讲授式、研讨式、互动式、观摩式等教学方法，推动党员干部教育不断走上新台阶，淬炼党员干部党性修养，升华党员干部思想境界。

多氟多集团党委书记李世江曾说："真心实意造福人民，这不仅是我的追求，更是多氟多健康可持续发展的重要法宝。" 因此，多氟多积极履行社会责任，彰显企业担当。十年来，多氟多党委全力以赴履行社会责任，深入对口贫困村，建设"村民之家""党员之家"和医疗室，将自来水送入上百户村民家中；连续十四年开展"金秋助学"活动，帮助千名学子圆梦；组织5次集体无偿献血、9次造血干细胞集体采样，1724人加入中华骨髓库，16人配型成功并全部义无反顾地捐献；党员、职工、爱心志愿者到福利院看望孤寡老人，帮扶救助困难职工，慰问外派职工家属，用实际行动助力疫情防控，用爱心践行责任担当。在多氟多，广大党员干部在党委的带领下，困难面前挺身而出，面对问题冲锋在前，主动承担社会责任，积极响应政府号召，用实际行动践行和诠释多氟多的企业精神和企业文化。

群众利益无小事，多氟多党委不断提升后勤服务能力，将"全心全意为人民服务"落到实处。围绕"办实事、办好事""想职工之所想、谋职工之所需"，从最突出的问题抓起，满足职工对美好生活的向往；将衣、食、住、行、娱、浴、医疗健康、文化教育、人文关怀、成长环境、志愿者服务全方位融入职工工作、生活，打造后勤服务品牌，以真心贴近职工，以热心服务职工，使小有所育、老有所养，提升了职工归属感和幸福感。

三十年踔厉奋发，多氟多党组织的战斗堡垒作用更加凸显，党建形象更加深入人心，党建队伍活力倍增，并以此攻克了一个个前所未有的挑战，取得了一个个令人刮目相看的成绩。面对下一个三十年，多氟多党委的信心更加坚定、思路更加清晰、方向更加明确，必将坚守初心，勇担使命，让党建工作更上一层楼，取得更好的成绩。

第四节
党建之火，星星之火

20世纪末，多氟多化工有限公司——一家致力于高性能无机氟化物、电子化学品、锂离子电池材料，以及新能源汽车的研发、生产和销售的高新技术企业走上历史舞台，它不仅成为我国无机氟化工行业第一家上市公司，而且已是全球生产规模和工艺领先的无机氟化工企业。多氟多的前身是焦作市冰晶石厂，1994年，一个叫李世江的退役军人接手时，它只是一家濒临倒闭的地方小厂。作为一名光荣的共产党员，李世江以掌舵人的身份，将党建引入企业经营管理全过程。**他认为，"党是怎么管理我们的，我们就怎么管理企业"**；他相信，**"办中国的事必须有中国共产党的领导，中国共产党只有信仰人民才能领导人民。办企业我们也应当相信群众、相信党"**。从此，党建犹如一团火苗，开始在多氟多燃烧，不断释放温暖和力量，指引多氟多人攻坚克难、奋勇向前。党建之火由此成为多氟多的星星之火，并逐渐成燎原之势。

一、党建之火聚人心

多氟多的发展史就是一部党建和创新相互融合、彼此促进的历史。多氟多不论是早年潜心研究氟、锂、硅三个元素而开发六氟磷酸锂生产技术，还是后来进军新能源领域，全力做全球氟材料行业引领者，广大党员和各级党组织都发挥了重要作用，他们稳定员工思想，主动承担重任，解决重点、难点、热点问题，保证企业高效运转，推动企业转型升级。

在转型升级过程中，党建的作用愈发明显。多氟多上市之路并不顺利，一度走得极为艰难，当时对企业上下打击很大。彼时，党组织挺身而出，先与党员交心，提振党员精神，后由党员向其他员工传递正能量，经过一段时间，企业上下重新拾起信心，大家心往一处想、智往一处谋、劲往一处使，再次焕发勃勃生机，终于在2010年成功上市。上市之后，多氟多并非万事大吉，不久传统氟化盐产业遇到发展瓶颈，工作重心必须向资源丰富的西部转移。甘肃省白银市氟化盐生产基地建成后，需要派驻一批员工。由于地处西部边陲，工作环境非常简陋，工作条件十分艰苦，不少员工心里开始打退堂鼓。关键时刻，党员再次发挥模范带头作用，党组织借民主生活会的机会，鼓励党员奋勇争先，赢得党员一致同意。在诸多党员的带动下，很多员工放下心理包袱，义无反顾地奔赴甘肃省白银市，走上氟化盐生产一线。

在多氟多，无论是在发展的低迷期，还是在跨越式发展的过程中，广大党员都主动承担起模范带头作用，为企业的发展当先锋、打头阵，党的领导是企业发展的凝聚力、向心力和核心竞争力，多氟多的发展离不开党建工作。

二、党建之火助决策

作为党的基层组织的重要组成部分，非公企业中的党组织是职工群众的政治核心。习近平总书记在全国国有企业党的建设工作会议上强调："坚持党的领导、加强党的建设，是国有企业的'根'和'魂'。"对于非公企业来说，何尝不是如此！

加强领导班子建设，是党的基层组织建设的关键。因此，多氟多致力于构建结构严密、布局合理的党组织网络体系，使之为生产经营管理服务。坚持"交叉任职、优势互补"的原则，一方面是党委领导到管理层兼职，另一方面是党委吸收董事会成员、经理、业务骨干进入党组织，例如副总经理韩世军担任企业党委书记，总经理侯红军担任企业党委副书记，其他党员副总经理担任支部书记；按照"支部进部门、车间有组织"的理念，将支部建到车间班组，先后成立机关、技术、生产和新能源4个党支部，收到良好效果，例如2011年9月中组部、河南省委组织部相关领导参加多氟多新能源公司党支部揭牌仪式，对扩大多氟多党组织的覆盖面和影响力具有重要意义。

无论是国有企业还是非公企业，正确的决策都是企业发展的根本，对于多氟多来说，唯有正确决策才能生存和发展。对此，多氟多党委贡献了重要力量。多氟多建立党委全面参与企业经营管理工作机制，制定企业党政干部联席会制度，每遇重大决策调整，党委都要为企业发展"把脉"，为企业战略"支招"。以党建为引领，多氟多走出一条技术专利化、专利标准化、标准国际化的"三化"创新之路，截至2021年11月25日，多氟多累计申报专利近千项，获授权专利600余项，主持制定、修订100余项国家标准和行业标准，成为国际标准化组织ISO/TC 226的成员之一，主持制定氟化盐国际ISO标准，拥有国家认可实验室……

三、党建之火添动力

多年来，多氟多始终坚持加强党的宗旨教育，以之推动企业文化建设，构建多氟多企业文化的新格局。随着党委的大力推动和党建文化的持续深入，爱国有道、行为有范、与人为善、传递爱心的基本准则落地了，感恩、求真、向善、唯美的道德规范形成了。例如运营部职工任抗战，累计献血过万毫升，义务捐献造血干细胞，并于2007年成功挽救了一名年仅19岁的边防战士的生命，他也因此成为中国第839位、河南省第69位、焦作市第5位造血干细胞捐献者。2011年，他成为河南省红十字优秀志愿者，先后荣获全国无偿献血奉献奖金奖、无偿捐献造血干细胞奉献奖，成为焦作市唯一获得两项国家献血奖的市民，并于2011年11月入选"中国好人榜"。2018年7月5日，任抗战收到由中国红十字总会寄来的"优秀红十字志愿者"证书，表彰他为造血干细胞捐献所作的贡献。从任抗战一个人到多氟多一群人，已有1724名员工成为造血干细胞捐献志愿者，共有16人成功捐献"生命种子"，为白血病患者送去生命的希望，创造了一个又一个"生命奇迹"。数十年来，多氟多坚持公益事业不停歇，真正做到了大爱无疆。

有多氟多党委的领导与指引，有以任抗战为代表的党员的示范和带头作用，多氟多拥有了强大的精神力量，并转化为企业发展源源不断的动力。从氟化工到六氟磷酸锂，从电解液到锂电池，从新材料到新能源——多氟多走上一条从自主创新、集成创新，到引进消化吸收再创新的以技术创新为主线的发展之路。毋庸置疑，动力之源就在于多氟多以党建为引领形成的敢于拼搏、勇于担当、无私奉献、奋进向上的企业精神。

第八章 党建：打造优秀队伍的"冲锋号"

在李世江看来，坚持党的领导是民营企业的发展诉求，作为社会的经济"细胞"，民营企业只有把党建纳入生产、经营、管理的方方面面，融入企业文化之中，发挥党组织的政治核心作用和党员的先锋模范作用，企业才能始终走在正确的方向上，经得住风雨的洗礼，满怀斗志面对任何挑战，最终踏上成功之路。

第五节
坚持党的领导，正确把握政治方向

振兴实体经济是强国之路，产业报国是每一位企业家的梦想，快速发展的非公经济成为实现强国梦的一支生力军。我国非公经济之所以能挺起腰杆站在时代的前列，在全球经济的舞台上有话语权，是因为有中国共产党的领导，是因为中国共产党有强大的掌控市场经济的能力。听党话、跟党走，是每一个民营企业家的追求；听党话、跟党走，才能找到时代的方向感；听党话、跟党走，才能有企业的持久发展。

习近平总书记在党的二十大报告中指出，"中国式现代化的本质要求是：坚持中国共产党领导，坚持中国特色社会主义，实现高质量发展，发展全过程人民民主，丰富人民精神世界，实现全体人民共同富裕，促进人与自然和谐共生，推动构建人类命运共同体，创造人类文明新形态"。习近平总书记在党的二十大报告中指出："从现在起，中国共产党的中心任务就是团结带领全国各族人民全面建成社会主义现代化强国、实现第二个百年奋斗目标，以中国式现代化全面推进中华民族伟大复兴。"

身为退役老兵的李世江深知，只有坚定不移树立中国式现代化的发展理念，按照中国式现代化9个方面的要求"对号入座"，多氟多才能抓住时代发展的脉搏、搭上民族复兴的巨轮，其中肯綮则是坚持中国共产党的领导，只有坚持党的领导，各项工作才能开创新局面。作为河南省焦作市工商联名誉主席，李世江认为，工商联要充分发挥桥梁和纽带作用，做到上情下达、下情上达，紧紧围绕党的目标，传递党的声音，在思想上形成合力，凝聚成强国建设的动力。要引导会员践行社会主义核心价值体系，树立中国特色社会主义共同理想。要发扬自我教育的优良传统，自觉地把企业的发展与国家的发展结合起来，把个人富裕与全体人民的共同富裕结合起来，把遵循市场法则与发扬社会主义道德结合起来，做爱国、敬业、诚信、守法、贡献的模范。要积极承担社会责任，热心公益事业，投身光彩事业。要支持企业党建工作，为党组织开展活动、发挥政治核心作用提供条件。要加强自律，把工商联打造成大家能够畅所欲言、能够为政府献计献策的一支主要力量和强有力的组织。

任何组织的活力都需要在具体活动中体现出来，如果一年之中不能组织几次有模有样、有滋有味的活动，就没有生机。作为一个拥有广泛社会成分的组织，工商联一定要多活动、多交流、多沟通、会沟通；要适应互联网时代的新要求，探索新方法；要走出去与高手对话、和高手过招，运用互联网思维迎接智能时代的挑战。工商联要成为企业发展联盟的大平台，要让企业家在大平台上形成互联互通的战略联盟，用富有特色的活动提供思维碰撞的机会，挖掘潜在的活力，激发创新的智慧。人和人之间、企业和企业之间总是在沟通中认识自己、发现自己、超越自己的，不断推动社会前进，才能使工商联具有朝气和活力。

生活本身就是感召和被感召的过程，感召和被感召都是一种幸福。企业家是勇于承担社会责任，通过艰难的挣扎铸就伟大的心灵，进而成就伟大事业的一批人。要通过工商联这个大平台，让包括多氟多在内的所有企业在创业、创造、创新中积累宝贵经验，变成彼此共同的财富，将大家的人生观、价值观凝聚到一起，推动伟大事业的发展。

多氟多作为河南省焦作市工商联的一分子，对各行各业的同人是这样期盼的，对自己也是如此要求的。

多氟多始终坚持走实体经济的道路没有变，坚定共产党领导的信仰没有变，打造"三智工程"把握政治方向没有变。多氟多坚信，制造业的春天已经到来，多氟多坚定信心跟党走。

数字化时代打造"三智工程"，是国家战略的需要，更是多氟多转型升级、高质量发展的迫切要求。从顶层设计到岗位应用、从被动接受到主动提需求、从立足现在到放眼未来、从部分人行动到激发全员参与、从信息网络覆盖到大数据中心启用，多氟多"三智工程"正踩着时代节拍探索前行。

智慧企业展望、智能制造五年规划及智才集聚项目实施，已经从蓝图规划向落地实施扎实推进。以技术改造为支撑的绿色改造，推动智能改造取得显著成效。三大改造示范工程无水氟化铝，生产过程采用绿色工艺，实现超低排放，单线年产量从3万吨提升到6万吨，天然气能耗从每吨30立方米降到18立方米，再降到5立方米，成为行业典型的绿色产品。能量守恒定律和质量守恒定律在无机氟化物生产过程中的广泛应用，体现了技术进步、智能制造、绿色发展三者之间良性循环。多氟多制造业的发展彰显的是以原子经济学为基础的产业高度，以数字经济学为基础的转型高度，以政治经济学为基础的政治高度。

实施数字化转型是"必选题"，更是"生存题"。多氟多坚定不移地实施数字化转型背景下的"三智工程"，有坚定正确的政治方向和把握政治方向的能力。多氟多所有的管理灵感都来自党中央的方针政策，为此，全体多氟多人统一意志、统一行动、步调一致。

多氟多是一个有信仰的企业。多氟多人坚信，在无机氟化工方面多氟多能够做到全国第一、全球第一！多氟多人坚信，在循环经济方面多氟多是一家与众不同的企业！多氟多人坚信相信的力量，了不起的事情需要了不起的决心。有一个伟大的真理：信仰、高尚行为的源动力来源于最高层。领导层里的少数先进首先觉悟，然后引领社会的发展。多氟多的发展同样来自这种引领，这就是党的领导，是正确把握政治方向的必然收获。

第九章

文化:传承企业精神的"定盘星"

第一节
多氟多是一所"大学校"

近年来,在国家政策导向和市场需求刺激的双重作用下,我国的新能源汽车产业链多点开花,多氟多凭借多年来在新能源领域的积累而抢得先机,厚积薄发,占据产业链的核心位置,迎来产销两旺的大好局面。多氟多的六氟磷酸锂、动力锂电池产品供不应求,产能扩张有序,行业景气向上。多氟多凭借自主创新,从氟化工到新能源,转型升级为最具想象力、最具发展潜力的新能源企业。

企业要发展,管理要跟上。企业管理的本质是理顺企业内部生产关系,组织资金、资产、资源等生产要素与生产力发展相匹配。 多氟多新能源公司注册资金7亿元,信誉良好,盈利水平和融资水平都较高,发展机遇已来临,各项发展要素正在不断积聚。

先进的生产力要依靠优秀的人才来推动。多氟多发展的首要条件是建立适应发展速度的人力资源管理体系,加大力度培养内部人才,吸引外部人才,为企业发展奠定雄厚的人才基础。

多年来,多氟多依靠科技创新,为行业技术进步、社会科学进步做出贡献。早在2015年,六氟磷酸锂科技成果就获得中国石油和化学工业联合化科技进步一等奖,实现出口替代进口,走出国门、走向世界，成为世界认识多氟多的标志。这一产品提高了多氟多人的自信，挺起了中国的脊梁，为国家、为民族争了光。通过科技创新，多氟多人才辈出，在中国石油和化学工业联合会、中国电子化学品联盟等协会，多氟多人分别担任副会长、副理事长等职位，拥有更多的行业话语权和影响力，之后也在锂电池协会、新能源汽车领域内拥有更高地位。如今，多氟多拥有45个高级工程师，其中8个教授级高级工程师，近200项专利，培养了一大批科技人才。

多氟多立志将自身建成一所"大学校"，关爱科技人才，组建青年科技队伍。多氟多不仅要为自身发展培养一批优秀人才，还要为社会输送一批具有实用价值的人才。传统大学的课程偏重理论，不能满足市场需求，多氟多大学则培养出综合性、个性化、复合型人才，适应新时代对人才的要求。将来，多氟多大学颁发的毕业证会更具含金量。

新能源公司目前正面临"成长的烦恼"，总部正面对"转型的痛苦"。多氟多曾获得全国企业管理现代化创新成果一等奖，一整套以创新为主线的管理模式是企业的宝贵财富。多氟多利用、巩固原有的管理经验，同时以开放的态度，通过更多的渠道提升自身，利用好券商、律师事务所、管理咨询公司等第三方，推进企业进步和人才成长。多氟多内部控制建设已卓有成效，通过聘请专业团队做"问题诊断"，实现由"要我内控"变为"我要内控"。在对内部控制体系全面梳理的过程中，多氟多在更大的平台上追求进步，一大批管理人才进一步提高了专业管理水平。

培训是给员工最好的福利。多氟多不仅是员工发挥个人才智的平台，也是员工不断锻炼成长的平台。多氟多为员工提供更多的培训机会和成长空间。为适应企业转型升级对人才的需求，结合企业发展战略及规划，多氟多制定内部人才常态化培养制度。员工入职后通过学习取得特殊工种职业证书、与工作岗位匹配的职称、更高层次学历证书等，可享受职称补助、学历津贴和报销学费等福利；多氟多设有自己的科技进步奖，采取多种措施，扶持、鼓励员工打开晋升中级、高级职称的通道；重点培养对象可获得到国内外优秀标杆企业参观、学习和交流的"奖励"；推出统筹安排外部培训，加强讲师队伍建设、落实研究生导师制度等一系列人才培养办法；制定责任到人的人才接续计划，建设后续人才梯队。多氟多多措并举，全方位、系统化的人才培养计划彰显出多氟多作为"大学校"的雏形。

鱼无定止，渊深则归；鸟无定栖，林茂则赴。事业发展靠人才，人才兴企，人才旺企。重视人才、因材施教，是多氟多人才理念的重要体现。作为一个高度集中人类智慧的产业，新能源汽车的发展尤其需要更多不同的人才。迎接新时代，分享时代红利，就要凝聚更多智慧和力量。对于多氟多来说，一是要充分认识到人才是企业发展的根本需求和中坚力量，要为人才创造更加宽松的创新环境，使现有的人才勇于尝试更多的为企业贡献力量的方法；二是要懂得"前人栽树、后人乘凉"的道理，以开放的态度，敞开怀抱，不断培养、引进新的人才，吸纳更多新生力量融入多氟多，要允许特事特办，完善用人机制，打开人才成长通道；三是要尊重知识、尊重劳动、尊重创造，尊重来自基层一线的智慧、成果和结晶，人才培养和再教育要与企业的发展高度配合，让人才同企业一起成长，发挥其最大价值，实现其人生价值；四是为人才创造更好的文化、生活环境，要依托科技大厦广场、会议中心及职工俱乐部等场所，鼓励、支持开展民间文化活动，将福多多家苑打造成多氟多人宜居、乐居的地方，特别是要满足新能源人才的需要；五是在科学把握人才成长规律的同时，善于以市场化机制激发人才的动力，既纳天下英才而育之，更聚创新之才而用之，努力使多氟多员工人人皆可成才，人人皆展其才，让更多的智慧力量推动新能源事业滚滚向前。

多氟多是一个尊重知识、尊重劳动、尊重人才、尊重创造的企业，不遗余力地为员工的成长创造更好的条件，使想干事、能干事、能干成事的人有创业机会，有用武之地，有发展空间。

人生中，遇到一个人，他打破你的思维，改变你的习惯，成就你的未来，他就是你的贵人；遇到一群人，他们点燃你的激情，唤醒你的自尊，支持你的全部，他们就是你的团队；遇到一件事，唤醒你的责任，赋予你使命，成就你的梦想，这就是你所追求的事业。找到贵人，加入团队，投身事业，在多氟多这所"大学校"里都能实现！

第二节
多氟多是个大家庭

2015年10月,在河南省工业企业民主管理工作推进会上,多氟多工会荣获"省厂务公开民主管理十大标兵单位",并作为唯一非公有制企业代表发言。时任全国总工会民主管理部部长杨汉平,河南省总工会副主席周红霞亲自到场为多氟多工会颁奖。多年来,多氟多工会坚持"一切依靠职工、一切为职工"的原则,开展一系列富有成效的工作,全面履行工会职能,勇于创新、主动作为,走在河南省乃至全国的前列,促进职工与企业共同成长,共享发展成果,组建温馨美好的多氟多大家庭。

如今,人们不种地,可以有吃有喝;不织布,可以衣衫亮丽;不造车,可以车来车往;不盖楼,可以家居安泰。为什么呢?一个人依靠什么参与社会交换?依靠什么获得生活物品?依靠什么赢得社会的尊重?答案是——企业。企业是每个人与社会、与他人进行交换的桥梁。企业兴旺,职工的价值会不断提升,精神就会保持愉悦。数千多氟多人共同生活在这个大家庭之中,为这个大家庭不断地增加温暖和力量。

多氟多这个大家庭人杰地灵,梦想无限。 氟化盐像一个刚毅的壮年汉子,历经沧桑,东征西战,为多氟多立下汗马功劳,成就行业传奇。如今,这个壮汉一方面肩负着培育新能源的责任,另一方面迎来国家供给侧结构性改革的春风，在"去产能""去僵尸"的兼并重组中，一展身手，再显"英雄本色"。六氟磷酸锂是一个"青年小伙子"，敢打敢拼，跟日本垄断巨头斗智斗勇，做到世界第一。这个年轻有为的"小伙子"提升了多氟多人的自信，挺起了中国的脊梁，为国家、为民族争了光。如今，"他"正在风口浪尖劈波斩浪，在新的景气周期中奋进前行。锂电池是一个有成长烦恼的"少年"，正在逐步走向成熟，带给多氟多人无限希望。新能源汽车是家里的"婴儿"，2015年年底，两款电动汽车接连公告，样车下线，好消息不断，振奋人心；2016年上半年，一个"大胖小子"——新能源乘用车"出生"……多氟多这个大家庭还在不断增加新的成员，注入新的活力，充盈着无限美好的梦想。

多氟多这个大家庭是培育人才的摇篮。多氟多拥有近200项专利，培养了一大批科技人才，中国石油和化学工业联合会副会长、中国电子化学品联盟副理事长等专家级职务先后降临多氟多，企业在行业内拥有了更多的话语权和影响力。多氟多是一所"大学校"，建设一种满足职工终身学习需要的实用性教育体系，通过实战模拟、互动教学等实效性教育手段，培养出实用性非常强的中、高级管理人才和技术人才。多氟多为员工搭建平台，使每个人都有自己的位置，人生价值得到充分的体现。多氟多人认识到这个平台的价值，珍惜已拥有的资源，并共同维护、打造好这个平台。

多氟多这个大家庭充满民主、智慧和热情。多年来，多氟多每年都会收到数百条员工合理化建议，获奖建议不计其数，五等奖以上的获奖建议都会落实，其中关于工艺改进及技术创新的建议占75%以上。合理化建议调动了员工参与管理的积极性，为基层员工提供了成长和展示的机会。

多氟多这个大家庭感恩向善，充满爱心。 秉承"感恩、求真、向善、创新"的道德规范，广大职工尊老爱幼，热心社会公益事业。工会每年都会举办为困难职工捐款、救助贫困学生等一系列公益活动，弘扬真善美的企业文化。多年来，多氟多每年都会开展无偿献血和捐献造血干细胞爱心活动，在社会上引起轰动。早在 2015 年 6 月，新能源公司就有 130 名青年志愿者光荣加入中华骨髓库。短短几个月时间，就有两名员工配型成功，其中一名员工于 2016 年 1 月成功实施捐献，施行救死扶伤、积德行善的义举，成为光荣的河南省 2016 年第一例造血干细胞捐献者，光荣事迹被《焦作日报》《焦作晚报》、焦作电视台、焦作网等社会媒体广为传播。几年来，多位多氟多员工先后获得"全国无偿捐献造血干细胞特别奖""全国无偿献血奉献奖银奖""全国无偿献血奉献奖铜奖"等荣誉。可见，多氟多是一个充满爱的企业，善行、义举和正能量使这个大家庭充满阳光。

一直以来，多氟多像一个大家庭一般充满爱。 尤其是工会，不断发挥"家长"的职责，在爱的大路上不断前行。组织建设多氟多群团组织体系，搭建多种平台，活跃员工生活，为企业增加生气和活力，使广大员工精神愉快、团结一致地投入工作；弘扬正能量，加强企业文化建设，凝聚人心，统一思想，营造阳光和谐、干事创业的氛围；关心员工衣食住行，为员工办好事、办实事，改善员工的生产和生活条件，提高员工的绩效收入，加大财产性收入力度，使员工与企业共享发展成果，以一种新的姿态做好后勤工作，建设职工健身中心、福多多家苑等民生工程；营造温暖的"多氟多大家庭"，关爱新进职工，让更多的职工融入工会组织，把工会办成真正的职工之家。

多氟多员工脸上经常洋溢着自信的笑容，万千笑容汇聚成温暖的河流。它告诉世人，多氟多这个大家庭是多么与众不同，而这个大家庭也是万千多氟多人共同打造的美好家园。

第三节
学习赢得昨天、今天和明天

海纳百川,有容乃大。李世江从部队到工厂,再到创业,一直刻苦学习,增长知识,从不懈怠。多年来,在李董事长的影响下,多氟多不断创新、持续发展的真正"秘密"就是不断学习。多氟多依靠学习走到了今天,也必将依靠学习走向明天。

一、学习是新时代的必然要求

游戏人间一世,不是真理终生。一个人、一个组织也是如此。不学习,就不可能进步,就不可能有机遇。

高度重视学习、善于学习,是多氟多的优良传统,也是多氟多的领导干部健康成长、提高素质、增强本领、不断进步的重要途径。当今时代,伴随着广泛而深刻的社会变革和突飞猛进的科技发展,知识更新的周期大大缩短,各种新知识、新情况、新事物层出不穷。多氟多人必须通过学习来提高自身的本领,努力提高各方面的知识素养,自觉学习各种科学文化知识,主动加快知识更新,优化知识结构,拓宽眼界和视野,增强本领,赢得主动,赢得优势,赢得明天。

**干部职工的学习水平,在很大程度上决定着多氟多的全产业链建设水平。多氟多已经步入转型发展的新阶段，对干部职工的理论素养、知识水平、领导能力都提出了更高的要求，如何适应并驾驭好企业各产业链环节建设，成为摆在每个多氟多人面前的新课题。只有加强学习，才能适应社会和企业的变革发展，增强工作的科学性、预见性、主动性，更好地把握规律、发挥创造力，避免陷入少知而迷、不知而盲、无知而乱的困境，克服本领不足、本领恐慌、本领落后的问题。

在建设新能源汽车全产业链的长期实践过程中，各种可以预见和难以预见的困难、风险、挑战层出不穷，只有继续保持发扬多氟多坚持学习的优秀作风，以时不我待的精神，争分夺秒地加强学习，一刻不停地增强本领，才能在万物互联的大环境、大背景下推进多氟多的事业。

每个多氟多人都应充分认识到学习的重要性，切实增强学习的紧迫感和自觉性，不断丰富和提升知识水平。知识丰富，眼界和胸襟才能开阔，精神境界才会提高，思维层次和领导水平就可以提升到一个新境界。

二、树立正确的学习心态

学习不是一件轻松的事儿，但可以是一件愉快的事儿，关键是心态！必须树立正确的学习心态，在学习时间里，要让心态归零，进行一次思想洗礼，在脱胎换骨中找到方向感，深刻领悟多氟多的技术创新和管理智慧精髓，凝聚成统一的思想意识和自觉行动。

兴趣是学习最好的老师。"**知之者不如好之者，好之者不如乐之者**"讲的就是这个道理。领导干部应该把学习作为一种追求、一种爱好、一种健康的生活工作方式，做到好学乐学。有学习的浓厚兴趣，就可以变"要我学"为"我要学"，变"学一阵"为"学一生"。

善于挤出时间学习。不注意学习，忙于事务，思想就容易僵化。多年来，多氟多举办多种形式的学习活动，如经济责任制培训、ERP培训、财务大讲堂、"一本书读懂财报"，广大干部职工忙里偷闲，用挤海绵般的精神学习，都取得了很好的成绩。领导干部一定要把学习放在很重要的位置上，如饥似渴地学习，每天挤出一定的时间，即使读几页书，只要坚持下去，必定积少成多、聚沙成塔，积跬步以至千里。

学习中要多思考、多交流。学习是互相赋能、自我成长的过程。人总是在交流中提高自己，在学习中悟出人生道理。学习和思考、学习和交流是相辅相成的，正所谓"学而不思则罔，思而不学则殆"。一个人脑子里装着问题，想解决问题，想把问题解决好，就会学习，就会自觉地学习。带着问题学习，多交流，才能相互赋能，相互进步，更好地提升个人的学习能力。

三、善于学习，提高多维度能力

学习最重要的是利用知识、转化知识、创新知识。**多氟多坚持要求干部要成为善于学习的干部，员工要成为善于学习的员工，让善于学习成为一种习惯。**必须让学习真正取得成效，不能仅仅停留在学习什么，而应致力于学会什么，把学到的知识转化为实际能力，引领团队不断前进，使个人得到提升。

多氟多员工必须学习并加以贯彻落实以下三方面内容。

一是学习多氟多以往的成功经验。学习多氟多的成功经验，并将之作为基因和种子一般根植在企业的每个角落，能够快速收到效果。例如多氟多曾经借助华夏基石对其成功经验所做的初步提炼，即"1+3"——1种精神（企业家精神）+3种管理（成本管理、创新管理、民主管理），同时借助SAP的ERP这个全球最大的管理软件，将企业的管理架构、流程重新进行整合对接，进行管理变革，取得了良好效果。可以相信，不同声音碰撞出的火花，必将进一步提升多氟多的文化自信、管理自信、创新自信和道路自信。

二是学习业务技能。随着社会经济环境的不断发展和变化，知识体系快速迭代更新，每位干部职工必须把业务知识学懂、学透、学精，提高自己的业务水平，推动干部队伍和全体员工综合素质不断提升，才能在企业转型升级的大潮中勇立潮头，在实际工作中游刃有余。

三是跨界学习。在现代社会，创造性地开展工作，不学习根本不行。学习跨界相关业务知识，能够让人有跨界思维，更容易理解他人，尊重他人，加强协作与沟通；能够扩大知识面，拓宽思路，不断自我创新和完善，通过知识的武装让自己变得更加"厚重"。

干部职工加强学习有多种形式。无论哪种形式，坐得住、钻得进、学得好、收获多，满怀学习的渴望而来，满载丰硕的成果而归，使学习成为人生一段充实、美好、难忘的经历，才能明白学习的真谛。总之，好学才能上进。多氟多依靠学习走到今天，也必然依靠学习赢得未来。多氟多的干部职工要上进，多氟多要转型升级，就必须坚持学习之风，坚持学习、学习、再学习，实践、实践、再实践，以此将明天牢牢握在自己手中。

第四节
养成阳光的心态，做有信仰的企业

积极向上、充满阳光的心态是多氟多进步的法宝之一。尽管多氟多内部也存在这样那样的问题，但是多氟多人的心态和心理都比较健康。每个人都在按照自己的愿望改善自身，使自己成长，不断进步。每个人都有这样的愿望，需要把这种成长的愿望放大，并且通过不懈的努力来实现。生命的心田里，每个人会种下什么样的种子呢？无论是积极乐观的种子还是消极悲观的种子，在心田里都会发芽，而只有积极乐观的种子才会长出积极乐观的大树。可见，阳光的心态不仅可以影响人的情绪，还能影响人的命运。

成功的人可能总是成功，失败的人可能总是失败。为什么呢？阳光的心态是重要因素，因此不断提高自己的思想认识极为重要。**多氟多人都有一个阳光的心态，都有较高的情商，以及自我控制和影响他人的能力，而这种能力对个人的成长非常重要。**即便遭遇失败，比如 2007 年上市没有成功，但是多氟多人依然享受过程的快乐，以"交学费"的阳光心态，更好地认识自身的价值，为 3 年后成功上市积累了必要的经验。工作中积极阳光的心态、不屈不挠的精神是多氟多宝贵的财富。每个多氟多人都要有自己的兴奋点，善于发现自己的兴奋点，同时善于为别人营造兴奋点。每个人都应与别人多沟通、多交流，提高自己的情商，在沟通和交流过程中享受人生的快乐，不断增进彼此的情感，使自己的人生更加丰富多彩。

一个人之所以快乐，不在于得到的多，而在于计较的少。如果每个人都保持阳光的心态，那么企业也会一片阳光。这种阳光的心态将成为企业的核心竞争力，是企业战胜一切困难的力量源泉。**多氟多就是这样一个企业。在阳光心态的加持下，多氟多人懂得感恩，懂得尊重；企业内部理所应当的事越来越少，感恩的事越来越多；员工生活得更愉快，企业发展得更和谐。**

心态与信仰之间有着千丝万缕的联系。心态体现了一个人调整心情的能力，阳光的心态有助于人们树立崇高、远大的人生信仰；信仰拥有巨大的力量，它可以帮助人们保持一种积极、超然的心态。正因如此，多氟多矢志不移地做一个有信仰的企业。

中国共产党是马克思主义政党，坚持以马克思主义为指导，自觉信仰、运用和发展马克思主义。

信仰是什么？信仰是由"信"和"仰"组成的，所谓"信"就是信任、信服；所谓"仰"说的是要抬起头来，表示仰视和仰慕。结合起来，所谓"信仰"就是从内心对一个观念、一种思想、一种主义等产生认同，并将之内化，作为自己行动的榜样和指南，为之奋斗。企业信仰不等同于企业文化，企业文化只有上升到信仰才有价值，因为企业文化只有被信仰才有力量。

信仰是人类最强大的情感力量之一。坚定的信仰能使人感到有所寄托，有所期望，有所恪守，从而成为人生的精神支柱。当面临各种各样的挫折时，信仰会让人信心坚定、矢志不渝而不至于彷徨失措，在面临各种各样的诱惑时，信仰会让人恪守所忠而不至于随波逐流。信仰是人生的力量源泉，它能焕发出强大的驱动力。坚定的共产主义信仰为千千万万共产党人提供了强大的精神支持和无穷的力量。

企业信仰也有这样的作用，有信仰的企业就有了灵魂，它是企业发展的精神支柱和力量源泉，也是企业行动的指南。它可以使员工产生使命感、自豪感、归属感，团结和凝聚大家一往无前地为既定的目标不懈努力。**经营大师松下幸之助曾断言："真正激励人们百分百投入的动力，不是金钱等组织提供的外部条件，使人们忘记痛苦不断前行的，是其内在的组织信仰。"** 企业的美好愿景、核心价值观能化为员工的精神信仰，这种信仰通过广大员工的践行，凝聚为组织的信仰，从而形成一股强大的精神力量，推动企业向前发展。

人一定要有所信仰。多氟多经过数十年的创新，已经成为国内氟化盐行业的排头兵和第一品牌，企业内部也形成了独特的经营理念和企业文化。**发展和振兴民族氟化工成为多氟多新的历史使命，激励多氟多人朝着目标奋力前行，这就是信仰的力量。**

管理一个企业仅仅依靠制度是不够的，因为制度永远有漏洞、会滞后，制度仅仅是解决问题的手段。如果员工价值观跟不上，就不能从根本上解决问题。企业信仰表现为一个企业在组织内部将企业使命、愿景、精神、核心价值观等上升到精神层面，得到企业员工的整体认可，作为企业和员工行动的指南，并为之奋斗。它是推动企业持续发展、长盛不衰的内在动力。

一个怀有共同信仰的企业一定是个优秀卓越的企业，多氟多一直致力于成为一个有信仰的企业。 如今，多氟多内部业已形成一种信仰化的氛围，构建一种信仰化的体系，并凝聚成强大的创造力和旺盛的生命力。信仰，正助推多氟多成为一个有追求、有文化、有价值的伟大企业。

第五节
塑造企业文化，铸就多氟多之魂

多氟多化工有限公司成立于1999年12月，2010年5月多氟多化工股份有限公司在深圳证券交易所成功挂牌交易，产品涉及高性能无机氟化物、电子化学品、锂离子电池及相关材料生产研发等领域，荣获"国家科学技术进步二等奖""全国先进基层党组织"等荣誉称号。

多氟多坚持科技创新，走出一条"技术专利化、专利标准化、标准国际化"的发展路线，申报专利近1000项，授权专利600余项，主持制定、修订100余项国家、行业标准，拥有国家认可实验室、河南省含氟精细化学品工程实验室、河南省无机氟化学工程技术研究中心等研发平台，是全国有色金属标准样品定点研制单位、全国化学标准化技术委员会无机化工分技术委员会氟化盐工作组召集单位、国际ISO/TC 226氟化盐工作组召集单位。先后承担国家"863计划"、国家战略性新兴产业、国家强基工程等国家级项目23项，科技成果30项。

从氟化工出发，向新能源进军。多氟多实现了从化学到电化学、从氟化工到新能源的转型发展。在此过程中，多氟多人凭借勤劳与智慧，持续实践，不断总结，塑造了属于自己的企业文化。

一、发展目标：氟通四海—锂行天下—硅达五洲—车载未来

氟通四海，造福人类。多氟多把两种氟化盐产品——冰晶石和氟化铝做到全球第一，广泛应用于氧化铝电解；同电解铝行业合作研究铝在汽车轻量化中的广泛应用，促进电动汽车结构轻量化。

锂行天下，理想能源。通过"氟锂结合"，多氟多研发高科技产品六氟磷酸锂，打破国外垄断，技术工艺国际领先，做到全球第一，挺起民族工业的脊梁。通过探讨氟、锂两个元素及其相互作用，建立动力锂电池研究开发体系，打造锂电池新材料体系，为电动汽车动力电气化提供解决方案。

硅达五洲，贵在电子。电子信息产业的主要元素是硅。多氟多通过"氟硅巧分家"，开发半导体硅材料，为半导体行业提供含氟电子化学品，推动我国电子信息产业发展；通过"两化融合（工业化、信息化）"，推动电动汽车智能化发展。

车载未来，为你而来。发展新能源汽车是我国从汽车大国迈向汽车强国的必由之路，是民心工程、民生工程，也是国家战略工程。新能源汽车是集合人类大智慧的产品，是高科技与互联网融合的结晶。多氟多心系蓝天，追求健康生态。

二、企业精神：完美"有"缺，超越自我

多氟多人追求完美，承认缺陷；敢于创新，崇尚科学；敢于跨界，重塑自我；敢于担当，志存高远。超越自我是一种状态，是一种改造世界的强烈责任感和使命感，是一种超乎寻常的意志力。

三、人才理念：我们同企业一起成长

多氟多是员工安身立命的场所，是员工实现自我、提升价值的平台，是一所"大学校"，是人才的摇篮。多氟多尊重知识，知识改变命运；尊重劳动，劳动创造世界；尊重人才，人才互相支撑；尊重创造，创造成长平台。员工要向下扎根、向上生长，把自己的价值建立在企业价值之上，把自己的梦想与企业发展、国家命运联系在一起，共同成长。

四、质量方针：把自己融于企业，把尊严融于产品

一个人、一个团体、一个企业能不能被社会接受，能不能让人看得起，就看其是否对社会有用，看其对社会所做的贡献。企业是员工和社会之间、和他人之间交换的桥梁。产品质量见证员工的劳动价值，市场交换实现员工的劳动价值，员工要把自己融于企业，把尊严融于产品，凭借产品的品牌美誉度和使用价值，赢得客户信赖和社会尊重，体现人生尊严。

五、道德规范：感恩、求真、向善、创新

多氟多以感恩为主线，追求真善美。感恩社会，报效国家；感恩企业，忠诚履责；感恩领导，努力工作；感恩员工，共享成功；感恩同事，和谐相处；感恩客户，真诚服务；感恩家人，不忘亲情。求真，尊重客观事物发展规律，探索科学发展规律，把握事物本质。向善，有向善之心，说向善之语，施向善之举，形成浓郁的向善氛围。唯美，渴望美，追求美，希望一切都美好。

多氟多人追求世界更美好，追求人与人之间的感情更美好，追求企业内部环境更美好。多氟多人所做的每件工作、生产的每件产品都要用美学的观点去审视，从"求真"开始，以"向善"为历程，追求"创新"推动人类进步。

多氟多告诉世人：对于个人来讲，你就是你想成为的那个人！对于企业来讲，这个世界就是由一批立志改变世界的人改变的！对于新能源事业，一个人的梦想是梦想，千百万人的梦想就是现实！

企业三年发展靠计划，十年发展靠规划，三十年发展靠文化。企业文化是企业管理思想和制度建设的集中体现。企业文化是企业之魂，塑造和弘扬企业文化才能凝聚员工智慧，提升企业核心竞争力，共同塑造企业新形象。**对于多氟多而言，企业文化是创新发展、产业生态圈建设、"两化"深度融合、智能制造等工作持续推进的土壤，是多氟多发展之百年大计。**

立足百亿起点扬帆远航，立志百年企业行稳致远。

附 录

一、李世江的思考

1. 经典12句

①科学首先在于分类。（思路）

②决定的事情，不是讨论干不干，而是讨论怎么干。（方向）

③生命体不能有两个头，若有两个头就是怪物。（权威）

④人都有天使和魔鬼的两面性，尽量看到别人天使的一面。（包容）

⑤咬定青山不放松，敢于把鸡蛋放到一个篮子里。（精神）

⑥协调能力比指挥能力更重要。（沟通）

⑦建立正常的工作秩序。（基础）

⑧物质不灭定律和能量守恒定律。（成本）

⑨在有钱的时候找钱。（融资）

⑩效率为主，兼顾公平。（特事）

⑪谁都不愿在一个松松垮垮的环境中工作和生活。（纪律）

⑫上市的好处只有上了市才知道。（实践）

2. 创新篇

①唯有创新不可辜负。

②国家需要什么，我们就做什么。

③未来竞争不是单纯产品的竞争，也不是企业之间的竞争，而是平台的竞争，是产业链整合能力的竞争，是生态系统建设能力的竞争。

④以政治经济学的思想高度、原子经济学的产业高度、数字经济学的时代高度，探索中国式现代化的多氟多实践。

⑤用创新思维解决创新发展中的问题。

⑥一项管理突破要比技术和产品创新更能创造持久的竞争优势。

⑦以合理化建议为载体的价值创造活动，既是质的飞跃，也是使命担当。

⑧项目建设的关键在于聚焦优势、瞄准趋势，贵在增效。

⑨敢于否定自己是企业家的重要素质。

⑩既要有"守土保疆"的忠诚和执行力，又要有"开疆扩土"的创新性和灵活性。

⑪让你为之心跳加速的就是你要为之全力拼搏的，你要为之全力拼搏的就是你为之心跳加速的。

⑫创新的灵感源于市场，创新的成果要通过市场来检验，创新的溢价要通过市场来体现。

⑬给人才安个家，给知识定个价，给创新插个翅膀。

⑭把任何东西做到极致，奇迹就会发生。

⑮在心灵中给不可能留下一定的位置，是成熟人生、成熟企业的标志。

⑯企业坚定归零心态，才能储备不断攀登新高峰的勇气和毅力，创造更好的进步和更大的成功。

3. 管理篇

①员工利益、企业利益与国家利益、时代利益一致时，就会产生巨大的能量。

②坚持科技领先、管理领先，突出思想领先和作风领先。

③一切不以效益为目的的管理，都是伪管理。

④既要低头看路，也要抬头看天，这个天就是中国共产党的领导。

⑤把历史使命与个人对幸福的追求结合起来,做一个有方向感、使命感和责任感的人。

⑥不是要一次把钱赚够,而是要一直有钱赚。

⑦让我们这些平凡的人,因为致力于伟大的事业而变成伟大的人。

⑧向前看是梦想和目标,向后看是经验和修正。

⑨现代化管理需要以行动为导向、主动为前提、互动为内容。

⑩当你成为一个高速旋转的"陀螺",你就排除了一切干扰,坚定不移往前走。

⑪通过市场"造需求",在产业链上"要需求",向国家战略"接需求"。

⑫越到艰难的时候,越要做正确的事,做困难的事,做长远的事。

⑬思想权和文化权是一个企业最大的管理权。

⑭有使命感的人内心深处会有一种组织认同,只有组织在,才有个人价值在,离开组织、离开平台,个人使命就没有了承载体。

⑮强筋骨,前提是活思想,本质就是创新。

⑯订单是良方,工作治百病。

⑰质量不是检查出来的,是设计、生产出来的。

⑱本质安全是企业可持续发展的生命线。

⑲企业最难的是不知道方向。

⑳以实力和底气拒绝虚高价格吸引的"野蛮人"的入侵,以理性的市场价格赋能社会,造福人类。

㉑知识让人更加稳健成熟,责任让人更加善于思考,忠诚让

人更加敢于担当。

㉒一个人的格局有多大，人生之路就有多宽；一个企业的格局有多大，发展之路就有多宽。

4. 数字化篇

①数字化转型不是选择题，而是生存题。

②转型发展要以数字化思维为引领，致力于不可替代性。

③知识的软件化可以使平凡的人做"高大上"的事。

④民营企业登不上互联网时代列车，就得"翻车"。

⑤隐性知识显性化，显性知识软件化，软件知识交易化，交易过程知本化。

⑥通过一眼看全、一眼看穿、一眼看透的数字化过程，实现一目了然、一竿子到底的智能化管理目标。

⑦人类正在从碳基文明向硅基文明转变，驱动万物计算，赋能万物灵魂，推动世界进化。

5. 文化篇

①一朝为军人，一辈子有军魂。

②多氟多人的心是红的，血是热的，骨头是硬的。

③向上沟通要有胆有识，平行沟通要有肺腑之言，向下沟通要肝胆相照。

④差不多，是没有标准的表现；差不多，是高科技的大敌；差不多，就是毁灭。

⑤人生最大幸福就是发挥自己最强能力。

⑥技术创新离不开精神力量支撑。

⑦决策定力，来自企业家精神，来自家国情怀，两者共同成

就了决策者。

⑧打造"党建+"红色引擎，在"铸魂"中让产业工人政治有方向；打造"技能+"素质引擎，在"铸匠"中让产业工人事业有希望；打造"权益+"保障引擎，在"铸家"中让产业工人劳动有尊严。

⑨学习不是做知识的储存器，最重要的是利用知识、转化知识、创新知识。

⑩信心是最长效的"疫苗"，信心是最嘹亮的号角，信心是最理性的决断，信心就是生产力，信心就是"烟火气"。

⑪发展是根本，项目是关键，核心在党委，担当看党员。

⑫坚持党的领导，是烙印在骨子里、融化在血液里的，是一种不可战胜的精神。

⑬榜样就在身边，英雄随时诞生。

⑭创业精神，是多氟多人的本色；敬业精神，是多氟多人的底色；创新精神，是多氟多人的成色；奉献精神，是多氟多人的亮色。

⑮品质管理既要有管理的高度，也要有艺术的深度。

⑯要把万里挑一的超群天赋发挥到极致，而不是用放大镜放大其缺点。

⑰把企业建成充满凝聚力、创造力和战斗力的"坚强堡垒"，释放出强劲的"红色动能"。

⑱企业党建和事业发展的"双赢"格局，成为多氟多一道独特的风景线。

⑲党建做实就是生产力，人才做活就是竞争力，创新做深就是生命力。

二、领导评语

多氟多能够在 2016 年全球经济不好的情况下做得这么好,很不容易。技术进步是基础,企业蒸蒸日上成为国内的佼佼者。多氟多现在人气很旺,能够团结在一起,这与董事长李世江能够和大家打成一片有很大的关系。

一个企业家为什么能够把元素周期表拿出来给大家讲?这是不多见的,这是从根上搞清楚了基础的东西,这就是科学。

——原国家经济贸易委员会副主任杨昌基(2017 年 1 月 24 日)

国家应该支持你们的,你们今后还要多和国家通气。企业和国家本来就都是同一个目标——为人民服务的。相信你会把这种精神更好地传承给后人的。

搞好一个产业真不容易,使企业保持领先地位长期坚持下去更不容易。科技领先、管理领先很重要,思想领先、作风领先更重要。

一个国家、一个组织、一个家庭、一个企业在重大问题上能发出一个统一的声音,这一定是一个好群体。因为他们已经掌握了求大同存小异,在最重要的大事上确实统一意志、统一行动。

你作为一个转业军人,能够创业获得这样的成功非常可贵。最可贵的是你真正领悟了做人做事的大道理,严于律己地坚实践行。政治思想作风就是观点方法,都是要一点一点修炼出来的。因此,你必须多考虑一下如何讲好故事,让后人能自觉自律,自觉接受新时代砥砺奋进的好习惯。

——原国家经济贸易委员会副主任杨昌基(2018 年 2 月 5 日)

所谓人才，主要还得把懂得做人做事之道放在第一位。也就是人们所需要的人才是全心全意为人民服务的人才。历史上的人才很多。不同历史阶段有不同的人才判断标准。中华文化的判断标准又区别于其他国家文化的判断标准。所以什么叫人才？新时代应该培养什么样的人才确实是非常重要的。在如此重大问题上，通过企业领导班子和职工的大发动大讨论，能够达到共识，就会出现一个尊重人才的自觉行动。联系到本职工作，就会出现人人精神奋进的新气象。

——原国家经济贸易委员会副主任杨昌基（2019 年）

一是关注多氟多 18 年，有了很深的感情。多氟多一年比一年发展得好，精神面貌不断更新。二是佩服多氟多的精神，多氟多创新的精神、发展的精神令我关注。特别是创新的精神，这一点在李世江身上体现得很明显，在多氟多体现得也很明显，而且是企业今后长盛不衰的根本，这种精神是值得人们佩服的。国家在提倡"双创"，多氟多做得很好，所以，我很欣慰。三是关注多氟多研究的领域。从元素周期表开始研究，从基础材料的原理开始研究，并结合实际进行实践，取得了很好的成绩，这既是国家倡导的，也是人类社会需要的，这个先导的产业能从基础做起，也是我很佩服的。

——河南省原副省长张以祥（2017 年 1 月 24 日）

老李啊，你干事业的激情不用我再给你挖掘了，你的激情已经很高了。我给你总结一下多氟多的发展路径：从材料到产品，从产品到产业，从产业到产业链，从产业链到"互联网+"。

——河南省委原副书记、原省长陈润儿（2016 年 8 月 20 日）

多氟多开创的氟锂结合、氟硅分家，一分一合，既有哲学思维，又有科学花朵。

——中国石油和化学工业联合会会长李寿生（2011年11月）

多氟多从一个传统型化工厂转变成一个新型的新材料化工厂，由低端产品走向高端产品，这个转变可望而不可即，是一个典型的"新型小巨人"。李董事长和我一起去看日本的六氟磷酸锂，还不知道有多困难，就开始搞起来，而且还成功了。这种不服输的精神令我感动。

——石油和化学工业规划院原院长顾宗勤（2017年8月26日）

多氟多作为氟化盐龙头企业，既要考虑战略和战术问题，也要勇于为国家担当，引领行业健康发展。多氟多把氟化盐这座"金山"挖好、治理好，绝对是个"好"！

——工业和信息化部原材料工业司建筑材料处处长
陈恺民（2017年8月26日）